学校秩序回復のための生徒指導体制モデル

石黒康夫 著

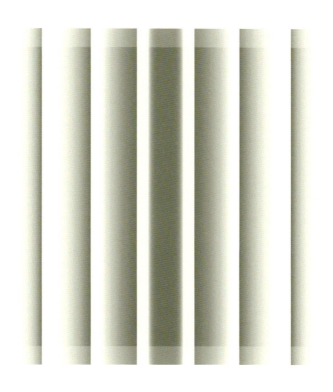

風間書房

目　　次

第1章　序論 ……………………………………………………………………1
　第1節　背景 ………………………………………………………………1
　　1.　はじめに ……………………………………………………………1
　　2.　社会背景 ……………………………………………………………2
　　3.　学校における暴力行為の過去と現状 ……………………………3
　　4.　問題行動とは：問題行動の定義 …………………………………6
　　5.　学校の秩序について：学校秩序の定義 …………………………7
　　6.　問題の所在 …………………………………………………………8
　　7.　特定の個人に頼る取組 ……………………………………………10
　第2節　研究の目的と意義………………………………………………11
　　1.　研究の目的 …………………………………………………………11
　　2.　学校経営としての生徒指導　組織で取り組む …………………12
　　3.　問題行動を対象とした先行研究について ………………………12
　　4.　学校秩序回復に関する学校規模の研究について ………………13
　　5.　米国における学校での問題行動について ………………………13
　　6.　研究の意義 …………………………………………………………14

第2章　仮説 ……………………………………………………………………17
　第1節　学校の秩序を回復させるための要素について ………………17
　　1.　学校の秩序を回復させるための要素の抽出 ……………………17
　　2.　国内の秩序を回復した学校の実践から …………………………17
　　3.　米国の小中学校における生徒の問題行動を減少させる取り組み
　　　　………………………………………………………………………22
　第2節　学校秩序を回復するための要素 ………………………………29

    1. 教師の統一された指導……………………………………………29
    2. 指導の基準となるルール…………………………………………31
    3. 認める指導…………………………………………………………32
    4. 学校規模での実施…………………………………………………34
    5. 仮説…………………………………………………………………34
  第3節　学校秩序状態の尺度案 ……………………………………………35
    1. 学校秩序の尺度の必要性…………………………………………35
    2. 学校秩序の尺度案作成のためのアンケート調査………………36
    3. アンケートの処理と問題行動の質の分類………………………37
    4. 修繕費による判断…………………………………………………39
第3章　仮説検証のための教育実践 …………………………………………41
  第1節　仮説を元にしたモデルによる教育実践1…………………………41
    1. 教育実践1　SWPBSの体制を一部導入し改変して実施 ………41
    2. 調査対象および調査期間…………………………………………41
    3. 問題行動が多発した学年生徒の特徴とその状況………………42
    4. 特定の学年に問題行動が多発した原因について………………42
    5. ベースラインについて……………………………………………43
    6. 学校規模での実施について………………………………………43
    7. 指導の基準となるルール（形成したい行動のレパートリーについて）
       …………………………………………………………………………44
    8. オリエンテーションについて……………………………………44
    9. 行動修正の方法について…………………………………………45
    10. 認める指導（強化）について……………………………………45
    11. 効果の測定について………………………………………………46
    12. 結果 …………………………………………………………………48
    13. 教育実践1に対する考察 …………………………………………53
  第2節　仮説を元にしたモデルによる教育実践2…………………………56

1. 教育実践2　生徒指導体制の4要素を取り入れた大規模校での実施
　　 ……………………………………………………………………………56
　　2. 調査対象および調査期間 ……………………………………………56
　　3. 学校規模での実施について …………………………………………57
　　4. 指導の基準となるルールづくりについて …………………………58
　　5. 生徒指導のスタンダードづくりについて …………………………59
　　6. 認める指導について …………………………………………………59
　　7. 行動修正の方法について（問題行動の指導）……………………60
　　8. 実施にあたって ………………………………………………………60
　　9. 結果 ……………………………………………………………………61
　　10. 教育実践2に対する考察 ……………………………………………68
　第3節　全体考察と教育実践の結論 ……………………………………69
　　1. 全体考察 ………………………………………………………………69
　　2. 教育実践の結論 ………………………………………………………71

第4章　スタッフトレーニング ………………………………………………73
　第1節　生徒指導体制モデル試案の導入と学校経営 …………………73
　　1. 生徒指導体制モデル試案導入のプロセスについて ………………73
　　2. スタッフトレーニングと管理職の役割 ……………………………74
　　3. スタッフトレーニングの要素 ………………………………………76
　　4. スタッフトレーニングのプロセス …………………………………76
　第2節　モデル試案導入による教師の変容 ……………………………80
　　1. 教師の変容の調査について …………………………………………80
　　2. 教師のインタビュー調査から ………………………………………81
　　3. スタッフトレーニングモデル試案の結果と考察 …………………84

第5章　生徒指導体制およびスタッフトレーニングモデルの試案
　　 ……………………………………………………………………………87
　第1節　生徒指導体制の構成要素について ……………………………87

1. モデル試案を構成する要素について …………………………87
2. (a) 学校規模での実施について …………………………………87
3. (b) 指導の基準となるルールについて …………………………88
4. (c) 生徒指導のスタンダード化 …………………………………89
5. (d) 認める指導について …………………………………………90
第2節　生徒指導体制の導入手順 ……………………………………92
1. 導入手順のイメージ ……………………………………………92
2. モデル試案導入に必要な期間と時期について ………………93
3. 方向性の提示 ……………………………………………………94
4. 課題の把握と解決像の共有 ……………………………………94
5. 方策の要請 ………………………………………………………95
6. 方策の決定 ………………………………………………………98
7. 方策の実施 ………………………………………………………98
8. 修正期と改定期 …………………………………………………98
第3節　構成要素の決定 ………………………………………………99
1. 指導の基準となるルールの作成 ………………………………99
2. 生徒指導スタンダードの作成 …………………………………101
3. 認める指導 ………………………………………………………106
第4節　教育課程上の位置づけ ………………………………………109
1. 自校の教育課程にどの様に位置づけるか ……………………109
2. ルールの定着に向けた道徳授業について ……………………111
第5節　システムの維持（メンテナンス）…………………………111
1. システム維持の必要性 …………………………………………111
2. システム維持のための方策 ……………………………………112
第6節　モデル試案の発展性 …………………………………………113
1. モデル試案の限界と発展性 ……………………………………113
2. 生徒指導体制モデル試案の再検討 ……………………………113

3. モデル試案の今後の課題 ……………………………………115
第6章　結論……………………………………………………………123
Appendix 1……………………………………………………………126
Appendix 2……………………………………………………………128
引用文献 ………………………………………………………………129
謝辞 ……………………………………………………………………133

第1章　序　論

第1節　背景

1. はじめに

　近年，学校における問題行動は増加している。特に暴力行為は過去最大数を記録している。学校内における暴力行為は，学校の秩序を大きく乱し教育活動の大きな妨げになることはいうまでもない。学校は安全で，生徒が安心して学校生活を過ごせる場所であるべきである。学校が落ち着いて安定していてこそ，生徒は安心して学校生活を過ごし，その中でそれぞれの能力を開発しその良さをより伸張させることができる。しかし，こうした生徒・保護者・教師などの願いとは反対に，近年は暴力行為が増加し，秩序が乱れている学校が少なからずあるのが現状である。

　こうした秩序の乱れた学校は，いわゆる「荒れた学校」として過去にもあった。過去から慢性的に荒れた状態を繰り返す学校もあれば，荒れた学校を立て直し秩序回復した学校もある。しかし，荒れた状態から立て直しを行った学校の実践が，生かされていない実態がある。学校の秩序が乱れた際，過去の経験則から学んだり過去の実践例を取り入れたりするのではなく，試行錯誤で一から始めるのである。どのようにすれば学校の秩序を回復することができるのかというモデルがないのである。

　本研究では，過去の実践や外国の研究から学校の秩序を回復するために有効であると思われる要素を取り出し，学校秩序の回復に有効な生徒指導の体制をモデル化する。これは特定の方策をさすものではなく，指導の体制をさ

すものである。そして，その体制の有効性を教育実践により証明する。さらに，生徒指導の体制モデルを導入するための手順を提案する。このことより，秩序の乱れた学校が，秩序回復をおこなう際の指針となることを願っている。

2. 社会背景

　平成18年12月，約60年ぶりに教育基本法が改正され，これからの教育のあるべき姿，目指すべき理念が明らかにされた。また，平成19年1月の教育再生会議第一次報告「社会総がかりで教育再生を～公教育再生への第一歩～」において，教育再生のための緊急対応として，「学校教育法の改正」を始めとする教育3法の改正が提言された。学校教育法の改正では，改正教育基本法の新しい教育理念を踏まえ，新たに義務教育の目標を定めるとともに，幼稚園から大学までの各学校種の目的・目標を見直しが図られる事になった。そして，学校に副校長等の新しい職を置くことができることとし，組織としての学校の力を強化されることになった。地方教育行政の組織及び運営に関する法律の改正では，教育における国，教育委員会の責任を明確にし，保護者が安心して子どもを学校に預けられる体制を構築した。さらに，教育職員免許法及び教育公務員特例法の改正においては，教員免許更新制を導入し，あわせて指導が不適切な教師の人事管理を厳格化し，教師に対する信頼を確立する仕組みを構築した。平成20年には，新しい学習指導要領が告示され，小学校では平成23年度から中学校では平成24年度から完全実施される。学習指導要領では，言語活動や理数教育の充実，伝統や文化に関する教育の充実，道徳教育の充実，体験活動の充実，外国語教育の充実や授業時数の増加などが盛り込まれている。これらは，確かな学力・豊かな人間性・健康・体力を核に生きる力をはぐくむという理念に基づくものである。

　教育の世界ではこの様に新たな教育改革が行われている。しかし，いじめ・中学生の自殺・不登校・通常学級に在籍する発達障がいのある生徒の指導上の困難，学校における問題行動の増加，高校生の中退など，依然として

今までの課題が解決できていない。特に問題行動については，今に始まった問題ではなく，かつて昭和50年代後半には学校が荒れるという社会問題にもなったことである。その後も学校によっては荒れと回復を繰り返しているところもある。各学校においては，これらの課題を解決すべく努力している。この問題について根本的な解決策は見いだされないまま現在に至っている。

3. 学校における暴力行為の過去と現状

　平成21年度の文部科学省の「生徒の問題行動等生徒指導上の諸問題に関する調査」によれば，小・中・高等学校における暴力行為の発生件数は約6万1千件と，前年度（約6万件）より約1千件増加し，小・中学校においては過去最高の件数に上る。平成9年度からの変化を見てみると（Fig.1），多少の増減をしながら横ばいになっているが，平成18年度を境に急激に増加している。これは，この調査が，平成17年度までは公立学校のみの調査であったものが，平成18年度からは全国の私立学校も対象に加えているためである。しかし，平成18年度以降だけを見ても暴力行為の件数は増加していることがわかる。

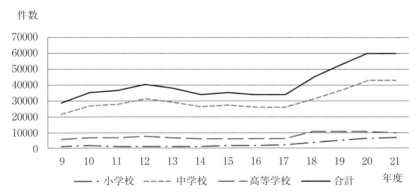

Fig.1 暴力行為の経年変化（平成9年度～平成21年度）
文部科学省「生徒の問題行動等生徒指導上の諸問題に関する調査」

Table 1　校種毎の平成 21 年度暴力行為件数（件）

校種	暴力行為の発生件数	前年度との差
小学校	7,115	△ 631
中学校	43,715	△ 961
高等学校	10,085	▲ 295
合計	60,915	△ 1,297

また，暴力行為の校種毎の内訳は Table 1 の様になっている。高等学校では若干の減少があるものの，小学校，中学校では，それぞれ前年度よりも 631 件，961 件の増加が見られる。

さらに，平成 21 年度の問題行動のうち，暴力行為の内容に目を向けると Table 2 の様になっている。

また，前年度に引き続いて調査した，暴力行為の発生件数のうち当該暴力行為により被害者が病院で治療した場合の件数は，Table 3 の様になってお

Table 2　小中学校における暴力行為の内容

暴力行為の内容	件数	前年度比
対教師暴力	8,304	△ 184
生徒間暴力	34,277	△ 1,832
対人暴力	1,728	△ 4
器物損壊	16,604	▲ 725

Table 3　暴力行為のうち，被害者が病院で治療した件数

暴力行為の内容	被害者が病院で治療した件数（件）	発生件数に対する割合（％）
対教師暴力	1,827	22.0
生徒間暴力	9,259	27.0
対人暴力	622	36.0
合計	11,708	26.4

Table 4 暴力行為が発生した学校数

	学校数	全学校数に占める割合
暴力行為が校内で発生した学校	9,107	23.7%
学校外で暴力行為を起こした生徒が在籍する学校	3,377	8.8%

り，暴力行為の内容が決して軽度のものばかりではないことがわかる。

そして，これら暴力行為の発生している学校数で見てみると，Table 4の様になっている。全学校数のおよそ30％で何らかの暴力行為が発生していることになる。これは，決して少ない数ではない。学校は，安全で，生徒が安心して学習や学校行事などに取り組むことが出来る場所でなくてはならない。そして，そうした落ち着いた，安定した状態を保つことが重要である。

前述したが，かつて昭和50年代後半にも学校が荒れた時期があった（Table 5）。昭和60年代に入り多少の減少はあるものの，その後はまた増加している。そして，現在の暴力行為の件数は，昭和50年代後半の暴力行為の件数を上回る過去最高の件数である。これは学校教育においては重大な問題である。

学校は，安全で安心して学習出来る場でなければならない。そういう意味では，その最低限度の条件も満たされていない学校が全国で30％もあるというのが現状である。

Table 5 昭和58年度からの中学・高校の校内暴力数

年度	58	59	60	61	62	63	元	2	3	4	5	6	7	8
中学校	3547	2518	2441	2148	2297	2858	3222	3090	3217	3666	3820	4693	5954	8169
高等学校	768	647	642	653	774	1055	1194	1419	1673	1594	1725	1791	2077	2406
合計	4315	3165	3083	2801	3071	3913	4416	4509	4890	5260	5545	6484	8031	10575

（注） 平成8年度までは，公立中・高等学校を対象として，「校内暴力」についての状況調査が行われた。
文部科学省「生徒の問題行動等生徒指導上の諸問題に関する調査」

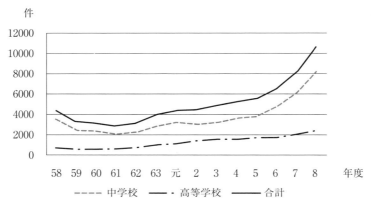

Fig.2 昭和 58 年度から平成 8 年度までの校内暴力数の変化

4. 問題行動とは：問題行動の定義

　ここで，本研究で扱う問題行動について整理する。問題行動というだけでは，その内容は不明確である。文部科学省の「平成 22 年度生徒の問題行動等生徒指導上の諸問題に関する調査」では，(a) 暴力行為，(b) いじめ，(c) 出席停止，(d) 不登校，(e) 中途退学，(f) 自殺　などを調査している。ここで言う暴力行為は，(a) 対教師暴力，(b) 生徒間暴力，(c) 器物損壊の様に分類している。また，先述の文部省が行った昭和 57 年度からの校内暴力の統計調査では，校内暴力を「校内で起こった暴力行為であり，対教師暴力，生徒間暴力，器物損壊の三形態がある。」と定義している。

　一般的には，教師の世界で言われている学校における問題行動は，暴力（対教師，生徒間）・器物損壊・嫌がらせ・授業のさぼり・過度な私語・お菓子類の持ち込み・服装や頭髪の違反・喫煙・不登校等があげられる。他者に暴力をふるったり，怪我をさせたりすることは，法に触れることであるから，問題行動と言って差し支えないのであろうが，反対に法に触れない行動で見逃すことが教育上好ましくない行動もある。たとえば，授業中の居眠りは法

に触れない。しかし授業中の居眠りは教育上好ましいとは言えない。学校教育の中で問題行動は，教育上指導を要すると見られる行動のことを指していると言われている（井上・矢島，1995）。しかし，同様の行動であっても学校によっては指導されるが，他の学校では指導されないこともある。例えば，学生鞄につけるマスコットなどは，学校によって規準が異なる。

　心理学では，問題行動を反社会的行動と非社会的行動に分類して研究されている。反社会的行動とは社会や所属する集団内にとどまり，その中でおこす問題行動であり，非社会的行動は社会やその集団への参加の拒否あるいは撤退を意味する問題行動といわれている（加藤，2003）。

　「生徒指導上の諸問題に関する調査研究会報告（2005）」によれば，一度暴力行為が多発すると，減少させる力がなかなか働かない傾向にあるとしている。つまり，暴力行為は学校の秩序を乱し，回復を遅らせる大きな要因であると言える。本研究では，問題行動の中でも主に反社会的行動を対象とする。そして特に，学校の秩序が大きく乱れる原因になると考えられる，他の生徒や教師に対する暴力行為・窓ガラス等の公共物や他者の持ち物を故意に壊したりする器物損壊・他者に対する嫌がらせ，意図的な授業の妨害，教師に対する反抗などの行動を問題行動として捉える。

5. 学校の秩序について：学校秩序の定義

　ここでは，学校の秩序についても整理しておく。学校は，一般的に「落ち着いている」とか「荒れている」と言った表現で学校の秩序の程度を表している。しかし，これには明確な定義があるわけではない。一般的に，学校ではお菓子の持ち込みや他者への嫌がらせ（他の生徒の持ち物を隠す）などは起こるものである。そうした事柄を解決していく過程が学習でもある。事件を通して，生徒同士が話し合いその解決策を見いだしていくことが生徒の成長となる。

　しかし，いわゆる荒れた学校では違反物の持ち込みや他者への嫌がらせが

長期間にわたり多く発生したり，暴力的・破壊的な行動が多発したりする。学校がどの程度荒れているかについて，教育の現場では明確な基準があるわけではなく主観的な要素で述べられる。学校の秩序の程度を問題行動数で表すことも考えられる。しかし，違反物の持ち込み1つをとっても，学校規模が異なれば当然生じる問題行動数も多くなる可能性は高まる。また，問題行動の件数は変わらなくともその内容がほとんど暴力行為の学校と違反物持ち込みばかりの学校とでは秩序の程度は異なり，一概に問題行動の件数だけを比較して，学校の秩序を述べることは難しい。

学校秩序について，「学校危機の分類」として（a）生徒および教職員個人が体験する「個人レベルの危機」，（b）学級や学年および学校全体が直面する「学校レベルの危機」，（c）学校を越えて地域社会全体を巻き込む「地域社会レベルの危機」，（d）全国に報道される「社会レベルの危機」のような分類がある（上地，2003）。しかし，こうした分類は，分類の仕方が大きく，その学校の秩序がどの程度であるのかが把握しにくい。学校で，どの程度，暴力や器物損壊が起きているのかがわかりにくいため，本研究では問題行動の程度を後に述べるように軽い順に三段階に分類し，どの段階の問題行動が多いかによってその学校の秩序の程度を判断することとした。

6. 問題の所在

前述のとおり，学校において，問題行動数（特に暴力行為）は現在に至るまで減少していない。特に近年は急激な増加が見られる（文科省，2009）。各学校では，問題行動のない落ち着いた学校づくりを目指し努力をしていることは言うまでもない。教師が努力し，秩序を回復できる学校もある。しかし，そうした学校の中には数年経過すると再び荒れてくるものもある。また，多少秩序が良くなる時期があっても長い学校の歴史を振り返ると，ほぼいつの時代も問題行動が多く慢性的に荒れた学校と周囲から認識されているような学校もある。

筆者もかつて教諭時代に荒れた学校に赴任し，その学校が回復していく過程を体験している。一度学校が荒れると，回復させるのに最低３年かかると教師の世界では言われている。中学生以上では，ある学級の荒れが直ちに学年，学校全体に波及しやすいと言われている。ある学年の秩序が乱れ始めると，それが他学年へと波及する。これは，上級生が下級生を巻き込むからである。また，上級生が行っている問題行動を下級生がまねるためでもある。荒れた学校の場合，ある時期になると上級生から下級生へ代替わりともいえる働きかけがある。このため，特定の学年だけの秩序が乱れるだけでなく他学年へと波及していく。学校の秩序を回復させるためには，新入生が入学してきた時点で，その学年の秩序が乱れないようにしようとする教師の決意とその後の取組にかかっている。早ければ，その学年が三学年に成長したとき学校の秩序が戻ってくる。この様にした場合，秩序を回復させるために３年間が必要となる。

学校が秩序を回復させていく方法は，その学校によって様々である。生徒会活動を盛んにすることで秩序を回復する学校もあれば，学習活動に力を入れることで秩序を回復する学校もある。どの方法が一番良いというものではない。その学校の生徒の状況，地域の状況，所属する教師の構成などによって方法は異なってくると考える。また，同じような方法を取り入れてもうまくいかない場合もある。しかし，問題は，秩序の乱れた学校の教師が努力して，何らかの取組を行い学校の秩序が回復したとしても，学校現場ではその取組についてその後に何ら検証されることもなく過ぎていると言うことである。つまり，何が良かったのかが分析されていないのである。また，学校の秩序を回復させる際に中心となった教師もいずれは異動する。そして，秩序を回復させるために行っていた取組の当初の目的がその後の教師に継承されず形骸化することもある。そうした場合は，また秩序が乱れてくることもある。教育の現場では，何故秩序が回復できたかという検証もあまりなく，また，その成果が他校に波及できていないのである。昭和50年代後半から現

在に至るまで，多くの教師の努力により秩序を回復した学校は多数あるはずである。しかし，実践報告はあってもそのプロセスや取組の体制について触れているものはなく，何故うまくいったのかが検証されていないため，せっかくの成果が一般化されていない。つまり，学校では，学校の秩序が乱れると一から試行錯誤で始めなくてはならないのである。

7. 特定の個人に頼る取組

　学校の秩序を回復させようとする場合，管理職がリーダーシップを発揮して，道徳教育や教科指導に力を入れたり，部活動等に力を入れたりするなど，特定の取組を柱にすることで秩序回復を試みる場合がある。中には，その秩序回復の取組自体を教育委員会の研究推進校の研究として行う場合もある。また，管理職の指示があるわけではないが，特定の学年や特定の数名の教師が中心となり秩序を回復するための取組を行う場合がある。いずれの場合も，この様にしたら学校の秩序が回復できるという裏付けがあって行うのではなく，管理職や教師の過去の経験や新たに発想した事柄に基づいて何らかの取組が行われていることがほとんどである。言い方は悪いが，個人の発想や経験に頼っているのである。管理職がリーダーシップを取る場合は別として，一部の教師の発案で取組が行われる場合，組織的に行われないことさえある。
　そして，その取組が功を奏して秩序が回復することもあるが，その場合でも何故それが良かったのかを検証する間もなく，教師は，日々の教育活動に追われているのが実態である。中には，秩序の回復を体験した教師が，その過程を記述したもの（川上，1982）などが出版されているが，それらはいずれも当時起きた事件に焦点を当てたものであり，秩序回復の時点までの記述である。対処方法の事例としては参考になるが，全ての学校で出来ることではない。また，教育委員会の研究指定校の場合，研究紀要を作成し研究発表を実施する事が多いが，実践した内容の報告に終始している。研究紀要も実践の概要について触れているのみで，他校が参考にする際にも十分な資料と

はならないことが多い。

　荒れた学校で教師が苦労して秩序を回復したとしても，そこに至るプロセスは紹介されていない。学校秩序回復のプロセスが（a）仕組みとして学校に残っていかない。（b）ノウハウが他の学校と共有されていない。（c）教師の異動と共に取組自体が消えてしまう。（d）学校が荒れた場合常に一から始めなければならない。などの問題点がある。

第2節　研究の目的と意義

1．研究の目的

　本研究の目的は，国内外における学校の秩序を回復した実践の中から，共通に見られる要素を抽出することで，学校秩序回復のための（a）「生徒指導体制のモデル試案」と，生徒指導体制を学校に導入する際，（b）「管理職・教師間に協働体制を作り上げるスタッフトレーニングのモデル試案」を作成し，教育実践を行うことにより（a），（b）の有効性を明らかにすることである。

　したがって，本研究は，学校秩序回復のための特定の方策を示すものではない。学校秩序回復に用いる取組内容は，モデルを導入する学校の特色，生徒や地域の実態に合わせたものでよい。どの学校でもその学校にあわせて導入することが可能な秩序回復のためのモデル試案である。

　前述のように，学校における問題行動が増加している中で，どのような学校でも導入が可能であり，継続可能な秩序回復のモデル試案を提案することは，生徒も教師も安心して教育活動ができる学校作りを行う上で意義あることである。

2. 学校経営としての生徒指導　組織で取り組む

　学校経営は，教育目標の実現のために行われる。教育目標は，その学校が目指す生徒の姿が表されている。教師一人ひとりの努力を生徒指導の目標達成につなげるためには，学校全体の共通理解と取組が不可欠である。そのためには，生徒指導が学校全体として，組織的，計画的に行われていくことが必要になる。すなわち，学校経営の中に生徒指導が位置づけられ，それに基づいた学年や学級経営が行われ，さらに個々の教師の指導が行われていくと言うことが必要であると言われている（文科省，2011）。学校の秩序を回復することは，一教師や1つの学年が担うことではない。これは，学校経営の問題である。秩序が乱れている学校では，教育目標の実現にはほど遠い状態と言えよう。本研究は，学校経営として，学校全体で生徒指導の体制を作り上げることを前提としている。

3. 問題行動を対象とした先行研究について

　問題行動を対象とした先行研究には，個人に注目した研究として学校ストレスに視点をおいた研究（嶋田，1998）や発達障がいなどの個人の気質に視点をおいた研究（原田，2002）などがある。しかし，学校の荒れは個人の問題行動の集積とは単純に考えられないとの指摘もある（尾木，1999）。また，個人ではなく，他者との関係について注目し，教師への愛着が非行や問題行動を抑止する効果を持つ（斉藤，2002）など教師や非行的な仲間との関係に注目した研究もある。さらに，問題行動を許容する学級の雰囲気の形成要因として教師の指導的態度が関係しているなど，教師の指導態度に注目したものもある（鈎，1997）。また，質問紙による調査を行い，生徒が学級内で侵害感や承認感を持っているかという主観を調査しその分布を見ることにより，学級崩壊について分析し，崩壊を起こさない学級づくりを研究したものもある（河村，1999）。しかし，いずれの研究も問題行動の発生原因や発生のメカ

ニズムを明らかにしようとするものであり，本研究の目指すところではない。本研究は，学校経営のレベルで介入し秩序を回復するための生徒指導の体制を作り上げようとするものである。残念なことに他に学校規模での研究は今のところ見あたらない。

4. 学校秩序回復に関する学校規模の研究について

学校の秩序を回復することは，前述したように学校経営の問題である。学校の秩序を回復するために，全教職員の理解のもと学校全体で教育活動全体を通して取り組む事が必要である。学校の秩序回復を学校経営として位置づけ，学校規模で行っている研究は今のところほとんど見受けられない。しかし，米国では，学校規模での介入を行い学校の秩序回復を図った研究例として，School-Wide Positive Behavior Support（以下 SWPBS）がある。

この方法は，Susan 等が 1997 年にオレゴン州の公立小学校で行った研究がもとになっている（Susan et al., 1997）。この方法については後述するが，応用行動分析学の視点から生徒の問題行動をその場に適切な方法に置き換えるという考え方がもとになっている。米国では，その後も研究され，SWPBS は，学校の秩序を回復するのに有効であることが確認されている（Sugai, & Horner, 2006）。日本での研究例としては，SWPBS をもとに日本の学校の実態に合わせて行われた「応用行動分析学を用いた学校秩序回復プログラム」（石黒, 2010）しか今のところ見あたらない。

5. 米国における学校での問題行動について

米国においても，学校における生徒の破壊的な行動や攻撃的な行動そして学業上の困難が，州を越えた問題となっていた（National Education Goals Report, 1995）。Crone & Horner（2003）によれば，全校生徒の 1 〜 2% は危険な問題行動を起こす生徒，3 〜 7% は慢性的で深刻な問題行動を起こす生徒，3 〜 15% は問題行動を起こす可能性のある生徒が在籍しており，前の二者

については，個別の特別な支援が必要であるとしている。教師は，しばしば問題行動を起こす生徒に授業を妨げられ，その対応をしなければならず，そうした問題行動を起こす生徒の学習を達成させるために，カリキュラムをその生徒に合わせて変更したり，教室環境を変えたりしなければならなかった。また，それまで米国で行われていた停学や退学などの問題行動に対する指導方法は機能しなくなってきていた（Mogan-D'Atrio, Northup, LaFleur & Spera, 1996）。そして，全校生徒の多く（全校生徒の35%以上）が，少なくとも年に一回，生活指導上の指導を受けている場合，その学校における生徒の問題行動に対する指導方法に問題があり，学校規模の問題には，学校規模の有効な介入方法が必要であると言われている（Crone & Eorner, 2003）。米国においても生徒の問題行動への対応が求められており，学校の秩序回復を行うためには，学校規模の介入，つまり，学校経営として介入が行われる必要があるとされている。

6. 研究の意義

これまで述べてきたように，日本においても米国においても学校における生徒の問題行動による学校秩序は大きな問題となっている。先行研究として，校内暴力の発生メカニズムなどに注目して研究されたものはあるが（e.g., 原田，2002；鈞，1997；河村，1999；斉藤，2002；嶋田，1998），学校の秩序を回復するために学校でどのような体制を作ることが有効であるのかを研究されたものは見受けられない。本研究は，特定の方策や事例の有効性を示すものではない。学校秩序を回復するために有効なモデルと，学校規模で秩序回復に向かう校内体制をつくるための，スタッフトレーニングのモデルを提案するものである。日本において，学校の秩序回復は長年の大きな課題であると考える。学校は生徒にとって安全で安心できる場でなくてはならない。落ち着いた環境にあってこそ，生徒はそれぞれの能力を開発し，良さをのばすことができる。しかし，近年では学校における暴力行為が増加しており，秩序が

乱れた学校は増えている。どのような学校でも導入が可能で秩序を回復できる方法を研究し，そのモデルを提案することは大変意義あることである。

第2章 仮　　説

第1節　学校の秩序を回復させるための要素について

1．学校の秩序を回復させるための要素の抽出

　過去に，学校の秩序が乱れてその秩序を回復してきた学校は複数ある。それぞれの学校でその方策は異なるが，共通してみられる要素や体制があるのではないか。異なる方策でも秩序回復に効果を上げているという事は，その方策自体に効果があると言うよりも，方策を実行する際の学校の体制に効果があるとも推測できる。まず，過去の研究紀要等で紹介されている秩序を回復した学校の実践の中から，共通にみられる要素や指導体制の体制がないかどうかを調査する。次に米国で実施されて効果を上げた研究から国内の事例と共通して見られる要素や体制がないかを調査する。そして，それらの中から学校の秩序を回復するために必要と考えられる要素や体制を抽出する。これにより，学校秩序を回復するための生徒指導の体制モデル試案の仮説立てを行う。

2．国内の秩序を回復した学校の実践から

　国内の小中学校の中で，学校秩序を何らかの方法により回復した事例から秩序を回復するために有効と考えられる要素を抽出してみる。

(1)**事例 1**（Benesse 教育研究開発センター，2010）
広島県の O 中学校　生徒数 314 人　学級数 11 学級

　O 中学校では，生徒の問題行動が多く学校の秩序が乱れていたが，校長のリーダーシップにより「五つの教育実践」（Table 6）と呼ばれる行動ルールを全教師で作成し，実行することで秩序を回復した。

Table 6　O 中学校　5 つの教育実践

① 教師はチャイムが鳴る前に教室に行く。
② 授業の始まりと終わりに互いに気持ちの良い挨拶をする。
③ 生徒が発言できる場を多く持ち，挙手する機会を多く与える授業づくりをする。
④ みんなが発表者の方を見て聴く姿勢をもつ。
⑤ 教師は 1 回の授業で 5 回以上は生徒をほめる。

　この共通実践のそれぞれの内容をレベル 1 からレベル 5 に指導の難易度によって 5 段階に分類して，次第にレベルを上げる様にした。
　例えば 1 の項目でレベル 1 であれば，
　　○教師はチャイムが鳴ったときに教室にいる。
　　○授業の終わりに次の時間の授業準備をする。
である。1 項目でレベル 5 であれば，
　　○チャイムが鳴る前に生徒の教科係が全員に対して学習の指示が出来るように指導している。
である。さらに，O 中学校では，授業の共通実践（Table 7）も行っている。

Table 7　授業スタイル

① 大きな文字で本時のねらいを書く。
② おさえどころは，グループ・ペアで。
③ 大事なポイントはすかさずほめる。
④ 学習意欲や次時につながるまとめや課題を出す。

　O 中学校では，これらの実践を通して学校の秩序を回復している。

(2)事例2（Benesse 教育研究開発センター，2010）

大阪府の H 中学校　生徒数 416 人　学級数 15 学級

　H 中学校では，校長の経営方針で，学校秩序の乱れを授業の質の改善と，授業規律に関する生徒向けアンケートを実施することで，秩序回復を行った。

　生徒向けのアンケートは，(Table 8)「先生はチャイムが鳴り終わるまでに教室に来ましたか」や「先生は，私語などでうるさい人を注意しましたか」など，生徒へのアンケートという形式を取っているが，逆に考えるとこれは教師がこの様な行動をとろうという申し合わせでもある。すべての教師が，アンケートに書かれている内容を実施しようというものである。これは授業に於いての教師の最低限度の統一された行動を評価するものであり，これを実施する事で教師が同じ指導を行えるようにしている。アンケートの内容は，教師が授業を大切にし，わかる授業をすることで生徒一人ひとりの学力を向上させようとする意図が読み取れる。授業を通して生徒を大切にしようとする教師の態度である。また，質問によっては，生徒に授業中の望ましい行動を示す内容のものもある。

Table 8　生徒向けのアンケート

アンケート項目
① 先生はチャイムが鳴り終わるまでに教室に来ていますか。
② 先生は忘れ物の点検をしますか。
③ 先生は前の授業の要点を確認していますか。
④ 先生は毎時間授業のねらいをはっきりさせていますか。
⑤ 先生は全員がわかるまではっきりとした声で説明していますか。
⑥ 先生の黒板に書いてある内容は整理されていますか。
⑦ 先生はみんながノートを取っているか確認していますか。
⑧ 先生は私語でうるさいとき等注意していますか。
⑨ 先生はチャイムが鳴り終わるまでに授業を終わっていますか。

　事例 1，事例 2 で共通している要素は，(a) 学校として秩序回復のための方針と方策が経営方針として示されている。(b) 教師の統一された指導行動が明らかになっている。(c) 生徒の存在や行動を認める指導がされている。

次に，国立教育政策研究所より出されている，「生徒指導資料第3集　規範意識をはぐくむ生徒指導体制―小学校・中学校・高等学校の実践事例22から学ぶ―」から，いくつかの事例を抽出してみる。

(3) **事例3**（国立教育政策研究所，2008）
状況　A小学校　児童数620名
　A小学校では，家庭での不満を抱えて感情が不安定になり学校でトラブルを起こす児童や授業中に立ち歩く多動傾向の児童が増加した。
　対応
　①マナーやルールの指導について教師が共通理解し，児童・保護者に周知を徹底した。
　②不登校や問題行動への対応は具体的なマニュアルを学校全体で作成し教師のチームによる対応を行った。

(4) **事例4**（国立教育政策研究所，2008）
状況　B小学校　児童数210名
　2つの学年でそれぞれ10から20名の児童が教師の指示に従わず，授業妨害が起こった。
対応
　①年度初めに校長より秩序を取り戻すことを最優先とすること，児童に決まりを守り落ち着いた学校生活を送るように指導する方針を出した。
　②毅然とした態度で児童の指導を行った。
　③わかる授業を行うため全校で授業改善を行った。

(5) **事例5**（国立教育政策研究所，2008）
状況　C中学校　生徒数280名
　生徒の問題行動が多発し，学校全体の秩序が乱れた。

対応
①校長の経営方針により，生徒指導の基本姿勢12カ条を作成した。
②問題行動等への対応手順を作成した。
③教師が同一歩調で指導にあたった。

Table 9　生徒指導の基本姿勢12ヶ条

1	差別するな。
2	暴力は行使するな。
3	見逃すな，避けるな，毅然として悪いことを指摘せよ。
4	人に任せておくな。しかし，自己満足や独善で終わるな。常に協力を求めよ。
5	観察を怠るな。変化に素早く気づけ。家庭を知れ。
6	1対1で話し合え。言い訳を聞け。本気でやれば心は通じる。
7	安易に約束するな。特例をつくるな。曖昧な妥協はするな。
8	その陰にあるものをみつめよ。裏側にあるものを見よ。
9	誠意を示せ。長所を見よ。
10	時間をおくな。後にまわすな。
11	事実に基づけ。憶測や決めつけは禁物。
12	全体には厳しく，個には優しく心情をゆさぶれ。

(6)**事例6**（国立教育政策研究所，2008）

状況　D中学校　生徒数180名

　3年生を中心に問題行動が多発し，頭髪・服装違反，授業妨害，怠学，生徒間暴力，対教師暴力，器物損壊，金品の強要が頻発した。

対応
①「学校づくりの基本的な考え方」，「教育実践の基本的な考え方」を整理し，全教職員で共通理解を図った。
②共通理解した内容に基づき，毅然とした指導を行った。

(7)**事例7**（国立教育政策研究所，2008）

状況　E中学校　生徒数530名

　喫煙や対教師暴力，生徒間暴力，器物損壊が頻発した。保護者や地域から

の学校批判，教師批判も多かった。
対応
　①問題行動等への組織的な対応，学校と家庭・地域との連携に関して，具体的な取組方針を3年間計画で明確にして教師が実践した。具体的な取組は，授業中の巡回や服装違反・問題行動が発生した際の指導方法などである。

事例1〜事例7から抽出できる要素は，
(a) 学校規模で実施されている。
(b) 教師の統一された指導行動が明らかになっている。
(c) 指導の基準となるルールがある。
(d) 認める指導がなされている。

があげられる。(a) (b) (c) については，概ねどの学校の実践にも見られるが，(d) については，実施しているところもあれば，していないところもある。

3. 米国の小中学校における生徒の問題行動を減少させる取り組み

　米国に於いて，生徒の問題行動に対するひとつの手段として，望ましい行動の介入と支援（Positive Behavioral Interventions and Supports）を学校規模で行う方法がある。これは，生徒に学校が期待する行動を明確にし，教え，その行動を強化することにより社会性を培うというものである（e.g., Sugai, Sprague, Horner, & Walker, 2000）。ここでいう，学校規模で行うということは，生徒の指導に関わるすべての者（管理職を含めた教師，主事，非常勤講師，ティーチングアシスタントなど）が，同じ指導方法で指導するということである。

　Susan等の研究（Susan et al., 1997）は，生徒の問題行動を減少させるために米国の中等学校（生徒数530人）で実施されたものである。この研究では，学校が生徒に期待する5つの行動を明らかにし，オリエンテーションにより生徒にそれを教え，生徒がその行動をした場合，何らかの強化を与えるとい

う指導方法である。その結果，1994年から1995年の一年間に生徒の問題行動の記録が2,628件であったものが翌年は42％減少している。この研究では，生徒の望ましい行動を増やすことにより，問題行動を減少させている。Susan et al.（1997）の研究は，学校が㋐生徒に期待する行動を明らかにし，㋑その行動を生徒に教えて練習させ，㋒生徒がその行動をしたとき報酬を与え，㋓望ましくない行動をした場合はその行動を修正するというものである。この指導方法は，応用行動分析学をもとにしたものである。山本・池田（2007）は，応用行動分析学をもとにした教育支援で最も大切なことは，不適切な行動を減らすのではなく，適切な行動を増やすことにあると述べている。適切な行動が増加した結果として，不適切な行動が減るのである。人がある行動をしている間は，他の行動をすることはできない。したがって適切な行動をするということは，その間，不適切な行動ができないということである。

　Susan et al.（1997）の研究についてもう少し詳しく述べてみる。Susan et al.（1997）は，郊外にある学校（生徒数約530名　6, 7, 8学年）において，1994年〜1996年の間，生徒の望ましい行動を増やす学校規模での研究を行っている。1994年〜1995年の間に生徒の問題行動のデータ収集を行い，1995年〜1996年の間に介入を行っている。従属変数として，Student Office Referrals（Table 10）を使用している。これは，生徒の問題行動の記録である。米国の学校において，生徒が問題行動を起こした場合は，その種類により分類され管理者（校長）に報告されることになっている。生徒は，問題行動の種類により，居残り・別室での指導・停学などの処罰が与えられる。生徒は，一日のうちに何度か様々な教師から注意を受けるが，その都度記録される。そして，それぞれのoffice referrals〔以下，問題行動カード〕には，(a) 生徒名・(b) 日時・(c) 違反の理由・(d) 校長の決定が記入され，ファイリングされる。

Table 10 Susan 等による Inflaction Resulting in Office Referrals 1997

tardy	Arriving to class after period bell has run
imappropriate language	Abuse profanity ro disrespecful language toward an adult
repeated minor infractions	Three or more warnings or minor infractions within a day
defiance	Failure to follow the requesst of an adult
disruption	Preventing on-going classroom activities
skip class/school	Failure to attend class as scheduled without valid excuse
harassment	Harming or threatening to harm, taunt or stalk others
fighting	Hitting, bitting, kicking or wrestling with another
vandalism	Defacing or damaging school prpperty
theft	Taking objects that belong to someone else withhour their permission
use/possession of controlles of substquce	Prossession of drugs, alcohol, matches, lighters, flares, or any other controlled item
use/possession of controlles of a weapon	Prossession of a knife, gun, or other object designed for use as a weapon
other	Any infraction not otherwise listed
unclear	Office referral form undecipherable

　介入は，1995年度の学校がスタートする最初の日に行われる Opening Day Training から始まった。Opening Day Training は，教師が準備した望ましい行動を生徒に教えるものである。行動分析学における行動のレパートリーを与えることである。望ましい行動は，6つの学校内の場所（教室，ホール，体育館，カフェテリア，共通のオープンスペース，通学バス内）別に与えられている。生徒に期待される望ましい行動は，hight-five と呼ばれ，(a) 礼儀正しくする，(b) 責任をもつ，(c) 準備してそこにいる，(d) 指示に従う，(e) 自分に忠実にするである。例えば，教室内で礼儀正しくするとは，他の生徒の発言を妨げることなく聞くこと，体育館で礼儀正しくするとは，道具やスペースを共有することである。

Opening Day Trainingのカリキュラムは生徒と教師向けに行われ，25分〜30分の単位で，30〜60コマ実施された。教師及び大学スタッフは各場所で，望ましい行動を点検し期待される振る舞いがどのようなものか明らかにし，ロールプレイを行い，生徒に正しい行動を練習させる。そして正しい行動がとれた場合，生徒は"high-five tickets"と呼ばれるカードをもらえる。このカードはポップコーンやカップ入りのかき氷と交換することができる。行動分析学における強化子にあたる。そしてどの生徒も一日のうちに少なくとも10枚はカードを受け取れるようにする。

Opening Day Trainingの最終的な目的は，5つの期待される行動を明らかにし，生徒に教えその行動を強化することにある。Susan et al.（1997）は，このシステムにおいて(a) 思い出させること，(b) 望ましい行動を強化すること，(c) 一貫性，(d) 行動修正，(e) 推進者，(f) 慢性的に問題行動を起こす生徒への支援の6つの要素があると述べている。(a) は生徒への働きかけをし，その場に応じた望ましい行動を思い出させること。(b) は生徒の望ましい行動に対して適切に強化すること。(c) は教師やスタッフの間で強化の仕方にずれがないこと。(d) は，生徒が望ましくない行動をした際の行動修正をどのようにするか。この研究の場合は以前使われていた罰則がそのまま使われている。(e) は校内にプロジェクトを推進する者がいること。(f) は特別に支援が必要な生徒への支援である。SWPBSは，全生徒の85%にあたる，ある程度ソーシャルスキルを身につけている生徒を対象にしている。それ以外の生徒に対しては特別な支援が必要と考えている。

Susan et al. の研究結果は以下のFig.3に示すように，月別に見ると1994年度よりも1995年度は問題行動数が減少していることがわかる。また，Fig.4では問題行動毎の経年比較であるが，問題行動が減少していることがわかる。しかし逆に増加しているものもある。Tardy（遅刻）については，1995年度の方が増加している。これはhight-five（行動のレパートリー）の中に遅刻が含まれていなかったため，遅刻しなくても強化されなかったためで

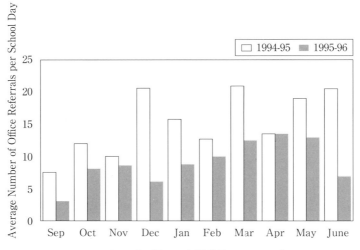

Fig.3 オレゴン州での実践結果　1995-96年

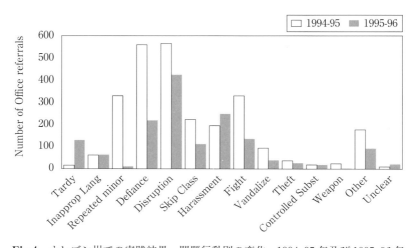

Fig.4 オレゴン州での実践結果　問題行動別の変化　1994-95年及び1995-96年

あると考えられる。

　Susan et al.（1997）の研究をステップに分けて考えてみると，(ア)生徒に期待する行動を明らかにすることは，応用行動分析学における行動変容プログラムの最初のステップにあたり，標的行動を明らかにすることである（Alberto & Troutman, 1995）。ここでいう標的行動とは，生徒に形成したい行動のことである。教師が互いに議論し，生徒に期待する行動を明らかにしている。そして(イ)その行動を生徒に教えて練習させることは，行動のレパートリーを獲得させることである。ここでいう行動のレパートリーとは，人が身につけている行動のことをいう（杉山・島宗・佐藤, 1998）。人は，やらなくてはいけないことが分かっていてもできるとは限らないのである（島宗, 2000；山本・池田, 2005）。そのために，(ア)で明らかにした生徒に期待する行動を(イ)で生徒に教えて練習させるのである。さらに，(ウ)生徒がその行動をしたとき報酬を与えることは，その行動を強化することにあたる。ここでいう強化とは，ある行動に伴う結果のうち，その後，その直前の行動の起こりやすさ（生起確率）を増加させる機能をもった刺激のことであり，強化子とも言われる（山本・加藤・小林, 1997）。報酬を与えることで，生徒の期待される行動の出現を増加させている。強化子には，生物学的に不可欠な刺激である一次性強化子と，褒め言葉や好きなことができるなどの社会的刺激と後から別の強化子に交換できるトークンと呼ばれる二次性強化子がある（Alberto & Troutman, 1995）。Susan et al.（1997）の研究では，報酬として食べ物や，何かをする権利と交換可能なチケットをトークンとして使用している。(エ)望ましくない行動をした場合，その行動を修正するということは，問題行動を起こした場合の指導のことである。しかし，米国では，従来から問題行動に対する一般的な指導は，ディテンションと呼ばれる懲戒までは行かない指導やサスペンションと呼ばれる家庭謹慎，停学，オルタナーティブスクールと呼ばれる矯正のための学校送りなどが行われている（加藤, 2006）。行動修正のために行う懲戒はSWPBSの中には含まれていない。

Susan et al.(1997)の研究は，生徒によって指導方法を変えることがない。どの教師が指導しても，どのような場合でも，生徒が期待される行動をした場合はそれに報酬を与え，問題行動をした場合はそれを指導する。教師の指導の方法が学校全体で統一されていれば，個々の生徒に対する指導方法の違いがなく，不公平感をもたせにくい。これは，前述の「教師の統一された指導」に相当する。また，Susan et al.(1997)の研究は，学校規模で実施されたものである。したがって，学校経営の中に位置づけられたものである。また，(ア)の生徒に期待する行動は，教師が一貫性のある指導を行うために必要なルール「規準となるルールがある」に相当する。

　ここで，Susan et al.(1997)の研究の(ウ)生徒がその行動をしたとき報酬を与えるに注目してみる。これは，応用行動分析の強化にあたる。生徒が期待される行動を行った場合，教師はこれに対し報酬を与える（強化する）のである。応用行動分析学の視点に立つと教師のこれは強化にあたるが，日常的な学校生活の場面で考えた場合は，教師が生徒の行動をほめる・認める指導を行ったともいえる。前項で紹介した事例1～7の一部の中にも含まれていた「生徒を認める指導」である。厳密に言えば，ほめることが強化にならない場合もある。本研究では，生徒の言動をほめる・認めることは，生徒に社会的強化子を与える行為として捉えることにする。教師が生徒を大切にし，生徒の存在や行動を認める指導を行うことは，生徒と教師の信頼感や保護者と教師の信頼感を向上させる。これは，学校の秩序を回復する際に有効な要素の1つである。

　以上の事からSWPBSには前述の4つの要素
　(a) 学校規模で実施されている。
　(b) 教師の統一された指導行動が明らかになっている。
　(c) 指導の基準となるルールがある。
　(d) 認める指導がなされている。
が含まれていることがわかる。

事例1〜事例7とSWPBSの内容を調査した結果，(a)学校規模で実施されている。(b)教師の統一された指導行動が明らかになっている。(c)指導の基準となるルールがある。(d)認める指導がなされている。の要素が含まれていることがわかった。次節では，これらの要素について述べ，学校秩序を回復するための生徒指導モデルを示す。

第2節　学校秩序を回復するための要素

1. 教師の統一された指導

前節で示した(b)教師の統一された指導は，生徒をほめる場合も，問題行動を指導する場合も重要な要素である。どのような場合も，教師によって指導の内容が変わったり，指導する生徒によって変わったりすることは，生徒や保護者に不公平感を与え，教師や学校への信頼感を失うことになる。加藤・大久保（2004）によれば，通常校に比べ困難校の方がダブルスタンダード化した生徒指導の頻度が高いことが分かっている。困難校では，通常校と比較してほめる場面でもしかる場面でもダブルスタンダード化しており，それが一般生徒の不満感を増大させ一般生徒の反学校的な生徒文化を形成し，さらに荒れを加速するとしている。ここでいう通常校とは，秩序が乱れていない学校のことであり，困難校とは生徒の問題行動が多く発生し，秩序が乱れている学校のことである。また，ダブルスタンダードとは，教師によって指導の基準や方法が異なる不公平な指導のことである。困難校ほど，生徒により基準の異なる生活指導がされており，生徒や保護者は学校の指導に対して不公平感を感じている。そうした不公平感や不信感が学校秩序の乱れにつながっている。これらのことから，教師の統一された指導は，学校秩序を回復させるために有効な1つの有効な要素と捉える。本研究では以後，教師の統一された指導を生徒指導のスタンダードと呼ぶことにする。

指導上の不公平感を，生徒や保護者に感じさせないためには，教師が生徒をどのように指導するのかを教師の間で明確にし，共通理解している必要がある。共通理解していても実行されなければ同じであるため，全員が必ず実行できる体制を作り上げておくことも重要である。不公平感は，生徒の問題行動に関する指導に関してだけではなく，生徒の行動をほめる場合にも起こりえる。本研究では生徒指導のスタンダードとした場合，生徒の行動をほめる，生徒の問題行動を指導するという2つの意味を含んでいるものとする。

　2007年に障害のある児童生徒一人ひとりの教育的ニーズに応じた適切な教育的支援を行う「特別支援教育」への転換がなされて以降，通常学級に発達障がいがある生徒が在籍するようになっている。発達障がいは，見た目にはわかりにくく発達障がいのある生徒の行動は，他の生徒に受け入れられにくい。発達障がいのある生徒は，授業中に長く集中できず友だちに話しかけたり，教師が説明していても突然席を立ってしまったりなど，授業を妨げる様な行動を起こしやすい。自分の思い通りの行動が出来ず，暴力をふるうこともある。障がいのための問題行動であっても，教師はその生徒を指導しなくてはならない。教師の指導が，障がいのある生徒に対しても，無い生徒に対しても同様にされていれば，ある意味問題はない。しかし，多くの場合教師は，生徒の障がいに配慮しようとして障がいの無い生徒とは異なる指導をしがちである。そうした場合，その生徒の障がいが周囲の生徒に理解されているかどうかが問題となる。その生徒に発達障がいがあり適切な行動がうまくできないことを，周囲の生徒が理解している場合は，教師が異なる指導をしていても周囲の生徒はそれを教師の配慮であることを理解することができる。しかし，問題行動を行った生徒に障がいのあることを周囲の生徒が理解していない場合は，教師の配慮した指導が不公平な指導と捉えられる。これは，加藤・大久保（2004）の言う指導のダブルスタンダードと同じ事である。生徒指導のスタンダード化を図ることは，通常学級に在籍する発達障がいのある生徒を指導する際にも有効である。

生徒指導のスタンダード化を行う場合は，教師間でその内容を十分に協議しておくことが重要である。生徒指導のスタンダードは，生徒のどの行動をどのように誰がどの程度指導するかと言うことである。自校において，認めたい・伸ばしたい生徒の行動は何であるのか，また，指導し修正する必要のある生徒の行動は何であるのかを教師間で十分に議論し決定していく必要がある。議論し決定しても，実行可能なものでなくてはならない。決まっても実行しない教師がいたのでは，これもまたダブルスタンダードである。したがって，具体的な内容でどの教師も実行可能な事を議論の末に決定し，学校の秩序状態の変化によりスタンダードの内容も改定していくことがよい。

2. 指導の基準となるルール

　(c) 指導の基準となるルールは，生徒指導のスタンダードを実施する上で，基準となるものである。教師にとっては，どの様な生徒に育てたいのかという指導の目標である。また，生徒にとっては行動の目標となるものである。基準となるルールを作成する際には，以下の2点が重要である。(ア)教師間で，学校の課題を話し合い指導の目標となるルールをどの様なものにするのか時間をかけて検討する。(イ)ルールの作成にあたって，生徒も何らかの形で関わらせる。

　これは，Cialdini, R. B.（1985）が言うところのコミットメントと一貫性の効果を期待するものである。ルールの決定や作成にあたり自分の意見が取り入れられ，ルールを実施することに同意した場合，ルールを尊重しようとすることが期待される。指導の基準となるルールは特定の場所や状況に限られるものではなく，学校生活全体で適用されるものであるのがよい。授業中，休み時間，放課後，部活動中，学校行事など，学校生活すべての場面で適用する内容にするのがよい。

3. 認める指導

　本研究で言う（d）認める指導とは，生徒の望ましい行動に積極的に注目し，それを肯定的に評価していく指導のことである。生徒の問題行動や不適切な行動を中心に注目し，それを指摘して正そうとすることに偏った指導ではない。生徒が望ましい行動，期待される行動を行ったことに積極的に注目し，教師がそれを確認し，できていることを生徒に伝えることである。生徒の期待される行動を言葉という社会的強化子によって強化しようとするものである。できていることを生徒に伝える際，それを良い評価として伝えれば，それは一般的にほめるということである。

　認める指導はSWPBSで言うと，生徒の行動を強化する部分にあたる。Susan et al.（1997）の研究では，生徒の期待される行動を強化するためにトークンを用いている。本研究では，生徒の行動を，「ほめる・認める」ことを社会的強化子として位置づけている。しかし，厳密に言えば，ほめることが強化子にならない場合がある。生徒にとって容易でレベルが低いと感じている行動をしたとき，教師がそれをほめると生徒は馬鹿にされたように感じる場合もある。強化とは，前述したように，ある行動に伴う結果のうち，その後，その直前の行動の起こりやすさ（生起確率）を増加させる機能をもった刺激のことである（山本・加藤・小林，1997）。教師に馬鹿にされたと感じれば，その直前の行動の生起確率が増加するとは考えられない。

　Susan et al.（1997）の研究では，トークンによる強化を行っている。行動のレパートリーに入っている行動は増加し問題行動が減少しているが，行動のレパートリーに含めなかった行動（例えば遅刻）などは減少しないという課題が指摘されている。つまり，他の行動に般化しないのである。トークンを用いても，社会的強化子を用いても課題はある。しかし，ほめる・認める指導は，その基準を教師が明確にもつことにより，生徒にとって強化になり得ると考える。

ほめる・認めるという行動は，教師によっては差が出やすい。ほめる・認める指導を行う場合は，教師がその基準を明確に持っていることが重要である。加藤（2007）は，ほめる指導についてのリスクを指摘している。叱る指導・ほめる指導のいずれも，一般生徒に不公平感を引き起こし，それが反学校的文化を形成し学校・学級の荒れを支えるとしている。ほめる指導の場合もダブルスタンダードが生じる可能性があるということである。したがって，ほめる・認める指導を行う際，教師は指導の基準を明確にもち，生徒のできている行動を認めていく必要がある。前述した生徒指導のスタンダード，基準となるルールの作成が重要になる。

　また，本研究における認める指導には，生徒の存在そのものを教師が肯定的に捉えるという意味も含まれる。生徒が，問題行動を行っても，その生徒の人格や存在が問題なのではなく，行動やその行動に至るまでの思考が不適切であったという捉え方である。応用行動分析の考え方を用いれば，その行動ができないのは行動のレパートリーがないか，その行動が強化されていないためである。その生徒の性格が悪い訳ではない。本研究では，生徒の問題行動を修正するための指導にものこの考え方を用いている。

　本研究では，生徒の行動だけに注目するのではなく，生徒の存在そのものを教師や生徒同士が，肯定的に受け止め受容することも「認める指導」として捉えている。そのために，構成的グループ・エンカウンターを学校全体で導入し，エクササイズを通して生徒間や生徒と教師の間で，それぞれの感情・思考・行動を認め合う体験をすることも有効なひとつの手段として用いている。構成的グループエンカウンター（structured group encounter: SGE）とは，(a) 自分の本音を知る（自己知覚），(b) 本音を表現する（自己開示），(c) 本音を主張する（自己主張），(d) 他者の本音を受け入れる（他者受容），(e) 他者の行動の一貫性を信じる（信頼感），(f) 他者とのかかわりをもつ（役割遂行）の6つの体験ができるようエクササイズをアレンジし，ウォーミングアップ→インストラクション→エクササイズー→シェアリングの流れで行

う集中的グループ体験の一つである（國分，1981）。これまでの SGE 研究の中で，人間関係・集団の開発・改善・促進・活性化などに効果を認めるものは，山本（1990, 1992, 1995）等多数ある。

4. 学校規模での実施

　学校の秩序を回復することは，学校経営の問題である。その理由は前述したとおりであるが，「(b) 教師の統一された指導行動が明らかになっている。(c) 指導の基準となるルールがある。(d) 認める指導がなされている。」という3つ要素を効果的に実施するためには欠かすことが出来ない要素である。学校経営に位置づけられ，学校規模での実施が前提となっていなければ，生徒指導のスタンダードも基準となるルール作りも実施することは不可能である。これはトップダウンで管理職が命ずるという意味ではない。学校の秩序を回復しようとする教師全員の合意があり，その方向付けがなされるという意味である。トップダウンで指示された場合，十分にそれが教師間で理解されていなければ，生徒指導のスタンダードも徹底することができず効果が期待できない。学校秩序が乱れている場合，どの教師もその回復を願っている。この共通の願いを達成するため，学校全体での実施を位置づけ，教師のモチベーションを高めることが大切である。これは管理職の役割であり，それが出来る立場にあるのも管理職である。管理職は，この共通の目的達成のため，教師の意見をよく聴き意見を取り入れ決定した内容に対して教師にコミットさせておくことが大切である。

5. 仮説

　本研究では，学校における生徒指導に以下の4つの要素を取り入れた体制をとることにより，学校の秩序が回復することを明らかにし，さらに，秩序回復のための生徒指導体制の導入モデルを示そうとするものである。
　(a) 学校経営に位置づけられ，学校規模で実施される。

(b) 生徒指導のスタンダード化がされている。
(c) 指導の基準となるルールがある。
(d) 認める指導がなされている。

本研究は、これら4つの要素を生徒指導の体制を取り入れることにより、(a) 問題行動の数が減少する、あるいは (b) 全問題行動数に対する重度の問題行動の割合が減少していくことで学校の秩序が回復すること。さらに、生徒指導体制を取り入れる過程が、(c) 学校規模の体制を構築するために必要な教師のスタッフトレーニングとなることを明らかにしようというものである。

第3節 学校秩序状態の尺度案

1. 学校秩序の尺度の必要性

学校秩序回復の為の取組を行っても、その成果が分からなければ教師の意欲も高まらないし、学校の状態を教師が把握することによりどの様な方策を用いると良いのか検討する目安も立たない。学校がいまどの様な状態にあるのかが把握できる尺度が必要である。教師の主観に頼るのではなく、ある程度客観性のあるものを用いて学校の秩序状態が分かるのがよい。学校の秩序の程度を測るものとして、学校で起きている問題行動数を基準にする方法が考えられる。しかし、問題行動数の増減だけでは学校の秩序が正常になったかどうかは判断しにくい。問題行動の数に変化が無くとも、問題行動の程度が軽微なものに変化すれば、学校の秩序は正常になってくる。したがって、単に問題行動数の変化だけを見るのではなく、問題行動の質の変化を調査することが有効である。ここでいう質とは、問題行動の内容の程度のことである。そのために、問題行動の程度がどのように変化したかを調査するための尺度が必要である。先行研究を当たったが適当なものが見あたらないため、

問題行動の質の変化を調査するための簡易な尺度を作成することにした。

2. 学校秩序の尺度案作成のためのアンケート調査

学校で起きている問題行動がどの程度のものなのかを把握するため、他校の教師が、ある学校で起きている問題行動をどのように感じるかをアンケートによって調査した。問題行動が多く発生している学校で生じている代表的

Table 11 反社会的行動のレベル基準作成のためのアンケート

学校において、次の反社会的行動があった場合、あなたはそれぞれの生徒の行動がどの程度のものに感じますか？　五段階でお答えください。該当するところへ○をつけてください。
性別　男・女　(○で囲んでください。)
年代　20代・30代・40代・50代

		程度が ひどい				程度が 軽い
1	暴力（殴る・蹴る・胸ぐらをつかむ等　対教師・生徒）	5	4	3	2	1
2	暴言（対教師・生徒）	5	4	3	2	1
3	ピアス，シャツ出し，腰パンなど服装違反をする。	5	4	3	2	1
4	茶髪・金髪など，頭髪の違反。	5	4	3	2	1
5	公共物を壊す。（ガラスを割る・ドアを蹴って壊す等）	5	4	3	2	1
6	人の持ち物を壊す。（鞄　教科書・ノートを破く）	5	4	3	2	1
7	給食などを撒き散らす。（卵を投げる）	5	4	3	2	1
8	授業に出ず，校内を徘徊する。	5	4	3	2	1
9	人のものを隠す。（靴　筆箱など）	5	4	3	2	1
10	非常ベルを鳴らす。	5	4	3	2	1
11	防火シャッターをいたずらしておろす。	5	4	3	2	1
12	教師の指示に従わない。	5	4	3	2	1
13	教師の指示に反抗する。	5	4	3	2	1
14	アメやガムなどを食べる。	5	4	3	2	1
15	授業中，私語をする。	5	4	3	2	1
16	授業中，立ち歩く。	5	4	3	2	1
17	授業中，マンガを読んだり，携帯をいじったりする。	5	4	3	2	1
18	消火器の中身をばらまく。	5	4	3	2	1
19	授業中，居眠りをする。	5	4	3	2	1
20	廊下やトイレに水をまく。	5	4	3	2	1

な問題行動を20例ほど抽出し，その一つひとつに対して他校の教師が，どのように感じるかを，程度がひどい5から程度が軽い1の5段階で調査を行った（Table 11）。アンケートは，東京都教育委員会　教職員研修センター主催の研修会参加教師及び高知市教育委員会主催の研修会参加教師（小学校・中学校・高校）等，併せて80名に対して実施した。

3. アンケートの処理と問題行動の質の分類

アンケートは質問項目毎に基本統計調査を行い，そのうちの中央値をその項目を代表する数値として採用した。アンケート項目を中央値によって分類してみると，5段階のうち，ふつうであるの3・ややひどいの4・ひどいの

Table 12　アンケート調査の結果

	問題行動の内容	中央値
Q1	暴力	5
Q5	公共物破壊	5
Q6	他者所有物の破壊	5
Q7	給食のまき散らし	5
Q18	消化器のばらまき	5
Q2	暴言	4
Q8	授業さぼり・徘徊	4
Q9	他者の所有物を隠す	4
Q10	非常ベルを鳴らす	4
Q11	防火シャッター悪戯	4
Q13	教師の指示に反抗する	4
Q20	廊下の水まき	4
Q3	服装違反	3
Q4	頭髪違反	3
Q12	教師の指示に不服従	3
Q14	アメガム等違反物	3
Q15	授業中の私語	3
Q16	授業中のたち歩き	3
Q17	授業中のマンガ・携帯	3
Q19	授業中，居眠りをする	2

5と大きく3種類に分かれた（Table 12）。2に相当する回答は1名，1の回答は0名であった。

3つに分かれた項目の内容に注目してみると，5段階のうち3である項目は，(a) 違反物など，問題行動を起こした個人の責任範囲の問題行動である。また，5段階のうち4である項目は，(b) ある程度他人に迷惑をかける問題行動である。そして，5段階のうち5である項目は，(c) 他人に多大な迷惑をかける問題行動のようになっていることがわかった。そこで，本研究では，問題行動の質をTable 13のようにA〜Cに分類した。

学校で起きている問題行動の程度を軽い順にA, B, Cと分類し，その学校で起きている問題行動数の変化とともに，全問題行動数に対するA, B, Cの割合が前年度と比較してどのように変化したかにより，その学校の秩序が回復したかどうかを判断することにした。例えば，教師が把握する問題行動数が前年度と比較して変化していなくとも，Cレベルの問題行動数の割合が前年度よりも減少していれば，問題行動の質が変化し秩序が改善に向かっていると判断できる。

Table 13 問題行動のレベル

問題行動のレベル	段階	内容
A（軽度のもの）	3	自分の責任範囲内の事柄で他人への迷惑がほとんど無い
B（中度のもの）	4	ある程度他人に迷惑をかける問題行動
C（重度のもの）	5	他人に多大な迷惑をかける問題行動

日本の学校では一般的に問題行動を記録する様式はない。学校で生じている全ての事件を教師が記録することは不可能に近いことである。また，日常の指導に追われている教師が問題行動の記録に時間を割かれることは，教師の現状を考えると現実的ではない。この尺度は，実際の学校現場で活用することを考慮し，生活指導部会など生徒の問題行動について報告がある会議の場で報告された問題行動の内容を調査し，どのレベルの問題行動数の割合が

どのように変化したかよってその学校の秩序の程度を判断する事にする。生活指導部会とは，管理職・生活指導主任・各学年の代表から構成される会議で，生徒指導上の情報交換や方策の検討がなされる場である。どの学校でも概ね週一回の割合で開催される。この場で話し合われる内容は記録に残しやすく，教師の通常の業務の範囲として行うことができるため，教師の負担にはならない。ある一定期間（例えば1ヶ月，1学期間，年度など）生活指導部会などで報告される問題行動を調査し，問題行動数の増減と共に，Cレベルの問題行動数の増減を見ることで学校の秩序改善の程度を判断する。厳密にいえば正確な数値ではないが，教師に負担がなく学校の秩序の状態を捉えるには有効である。

4. 修繕費による判断

　もう一つ学校の秩序を判断するものとして，学校修繕費の執行状況がある。学校修繕費は，学校施設設備の老朽化に伴う修繕の為の費用と，生徒が故意または過失により破損したものを修繕するために年間で予算化されたものである。生徒がガラスを割った場合，故意であっても過失であっても学校にはそれを修繕するための予算がある。この修繕費の執行状況を調査することで，間接的ではあるが学校の秩序の状態を知ることが出来る。学校では壊れたものは必ず直すものである。また，修繕の記録は事務に残っている。あまり労力なく，修繕費の推移は調査することが可能である。前述の問題行動の質の変化と修繕費の変化を見ることにより，ある程度客観的にその学校の秩序の状態が把握できる。

第3章　仮説検証のための教育実践

第1節　仮説を元にしたモデルによる教育実践1

1. 教育実践1　SWPBSの体制を一部導入し改変して実施

　教育実践1では，秩序が大きく乱れている小規模校に於いて，学校秩序回復のための4つの要素である (a) 学校経営に位置づけられ，学校規模で実施されている，(b) 生徒指導のスタンダード化がされている，(c) 指導の基準となるルールがある，(d) 認める指導がなされている，を生徒指導の体制に取り入れる事で，秩序回復が図れるかどうかを検証する。生徒指導体制の導入にあたっては，SWPBSをベースとして，校内の体制作りを行う。効果測定は，問題行動数，問題行動の質の変化，修繕費の変化を用いて測定する。

2. 調査対象および調査期間

　調査対象は，都内にある公立中学校（以下F中学校）である。F中学校は，生徒数が1学年20名，2学年60名，3学年45名の小規模校である。調査は，平成19年10月から平成20年10月に実施した。調査期間が卒業年度をまたいでいるが，本研究は，問題行動が特に多く発生していた学年が第2学年の10月から第3学年の10月までの在学期間で実施している。F中学校は，教育相談的な指導を取り入れており，F中学校へ行けば不登校生徒が登校できるようになるという地域の評判があった。平成17年度まで，支援を必要とする生徒に対しての指導は順調に行われており，生徒の問題行動はほとんど

発生しなかった。しかし，平成18年度に入学した生徒には支援を必要とする生徒が例年よりも多く，在籍の割合は学年生徒数の約24％であった。

3. 問題行動が多発した学年生徒の特徴とその状況

問題行動が多く発生した学年には，発達障がいがあると診断を受けていた生徒が3名，入学後に医師の診断や発達検査結果（WISC Ⅲ）を受け，発達障がい，軽度の知的な遅れがあると判明した生徒が5名，発達障がいがあると考えられる生徒が3名在籍していた。この他に，不登校生徒が4人在籍していた。この学年は，入学時より落ち着かない状態であった。全校朝礼の際，2・3年生が整然と並んで静かに話を聞いていられるのに対し，この学年は，まっすぐ静止して起立していられる生徒が少なく，学年全体が騒然としていた。1学年の後半より授業の秩序が乱れ始め，授業中の立ち歩きが目立った。また指導をしてもすぐに同様の行動を繰り返す生徒が何名もおり，落ち着いて授業を進めることが難しかった。学年が進むに従い，立ち歩き以外に教室外へ出ての徘徊・防火シャッターや非常ベルのいたずら・廊下などへのつば吐き・窓ガラスを含めた器物の破壊・水道の蛇口をすべて解放し水を溢れさせる・他の生徒の私物の持ち出しや破壊・他の生徒への暴力行為・教師への暴言暴力が頻繁に生じた。

4. 特定の学年に問題行動が多発した原因について

問題行動が多発した学年には，医師により反抗挑戦性障がいと診断された生徒が複数在籍していた。また，入学時には明らかになっていなかった発達障がいのある生徒が複数在籍していた。そうした生徒は，教師の指導に強い反発を示し，問題行動がさらに悪化することがあった。そのため，教師は，その生徒の障がい特性に配慮し，パニックを鎮め，時間をかけて理解させていくなど，障がいがない生徒とは異なる接し方をしていた。しかし，こうした異なる接し方は，他の生徒からは障がいに配慮した指導とは理解されず，

単に教師の不公平な指導として捉えられたと考えられる。

当時，発達障がいがある生徒の保護者は，自分の子どもの障がいについて，他の生徒やその保護者に知らせることに否定的であった。教師は，その生徒が適切に行動できない理由を，他の生徒や保護者に説明することができなかった。また，その当時，全体的に生徒や保護者の中に発達障がいに関する知識があまりなかった。したがって，他の生徒や保護者は，ある生徒が乱暴な行為や他に迷惑をかける行為をした場合，それは障がいがあるために適切に行動できないのではなく，その生徒の性格によるものとして捉えていた。つまり，一般的な非行の問題として捉えられていたのである。そのため，他の保護者からは，教師に対して，何故もっと強い指導をしないのかという批判もあった。このような教師の指導に対する不公平感が，他の生徒の問題行動を誘発したのではないかと考える。つまり，前述した生徒指導のダブルスタンダードが生じていたのである。教師は，意識してダブルスタンダードにしたわけではなく，より個に応じた指導をしようとした結果ダブルスタンダードとなった。このような現象は，小規模の学校には起こりがちなことである。

5. ベースラインについて

本研究の対象であるF中学校では，生徒の問題行動の急激な増加により学校の秩序が乱れ，他の生徒の学習環境を著しく損なうほど深刻な問題になっていた。本研究は，こうした状況を速やかに改善することを目的に実施されたため，現状を放置した状態でベースラインを測定する時間的余裕がなかった。本研究はベースラインの測定を未実施のまま介入を行った。

6. 学校規模での実施について

F中学校では，生徒の問題行動により当該の学年の秩序は乱れ授業にも支障をきたすようになっていた。また，問題行動を起こす生徒が，廊下を徘

heri, 自分の学年や他学年の授業を妨害するなど，秩序が大きく乱れていた。教師の指導には従わず，当該生徒の保護者の協力も得られない状況だった。学校の秩序を取り戻し落ち着いた学校にすることは，全教職員の願いであった。生徒の心情にそった指導や，毅然とした態度での指導など経験のある教師が試行錯誤を繰り返したが決定的な効果が出ないままであった。

　校長が秩序回復の方針を提案し，全教師で協議の末，学校全体で秩序回復の取組を実施することとなった。

7. 指導の基準となるルール（形成したい行動のレパートリーについて）

　F中学校における生徒に形成したい行動のレパートリーは，「五つの大切」と題し，(a) 時間を大切にしよう，(b) 礼儀を大切にしよう，(c) 物を大切にしよう，(d) 自分のことを大切にしよう，(e) みんなのことを大切にしようの5つの行動とした。さらに，(a) すべての場面で，(b) 始業前，(c) 授業中，(d) 給食時，(e) 放課後の5つの場面設定を行った。5つの基本的な行動と5つの場面で表を作成し，行動・場面ごとに具体的な望ましい行動と望ましくない行動を作成した（Appendix 1）。これは，秩序回復のための4つの要素のうちの「指導の基準となるルール」に相当する。

　Susan et al. (1997) の研究と異なる点は，望ましい行動だけでなく，望ましくない行動も生徒に示したという点と，「五つの大切」の作成に生徒を関わらせた点である。本研究では，全校集会を行い，「五つの大切」の空欄の表を生徒に示し，その後の学級活動で，生徒が考える望ましい行動・望ましくない行動の調査を行った。その調査結果と教師が考案したものを併せて「五つの大切」を作成した。

8. オリエンテーションについて

　本研究では，各学年で2単位時間のオリエンテーションを実施した。実施方法は学年により若干異なるが，教師による行動・場面ごとの望ましい行

動・望ましくない行動の説明が中心である。介入開始当時の1学年では，代表生徒と教師のロールプレイも実施した。また，オリエンテーションでは，次に述べる行動修正の方法についてもあわせて指導を行った。

9. 行動修正の方法について

　問題行動を起こした際に，何がどのように不適切であったかを生徒に理解させ，反省を促すためのワークシート「ふりかえり用紙」（Appendix 2）を作成した。問題行動を起こした生徒は，「ふりかえり用紙」に自分のした行動やその行動が「五つの大切」のどの部分に反するのか，そして，どの様に行動すれば良かったのかなどを記入する。「ふりかえり用紙」に適切に記入することができたとき，あるいは記入することができなくとも，口頭で答えることができたりした場合，教師はそれを望ましい行動として捉え，生徒の行動を認める機会とした。

　ふりかえり用紙の使用基準とその際の指導者は次の通りである。
　①人に迷惑を及ぼさない問題行動の場合
　　「ふりかえり用紙」は使用せず口頭で指導する。
　　指導者：学級担任または学年の教師が指導する。
　②人に迷惑を及ぼすが比較的軽度な問題行動の場合
　　「ふりかえり用紙」を使用して指導する。
　　指導者：生活指導主任が指導する。
　③人に大きな迷惑を及ぼす問題行動の場合
　　「ふりかえり用紙」を使用して指導し，保護者に所見を記入してもらう。
　　指導者：生活指導主任および管理職が指導する。
　　（指導の際には，保護者の来校を促す。）

10. 認める指導（強化）について

　生徒の望ましい行動を強化する方法としてSusan et al.（1997）の研究では，

食べ物や何かを行う権利と交換可能なチケットを用いた。本研究では，望ましい行動をした生徒を指導者が「ほめる・認める」ことを強化子として使用することにした。ほめることは，生徒が期待される行動を行った場合，言葉で生徒の行動を賞讃することであり，認めるとはその生徒が望ましい行動をしていたということを教師が確認し，それを言葉で生徒に伝えることである。

　F中学校では，一時的にトークンを使用した指導を試みた時期がある。問題行動を起こしている生徒を指導する際，望ましい行動や課題ができたときには，ポイントを与え，そのポイントが貯まると，好きな本や漫画を読んだり，ゲームを行ったり，体育館でスポーツをすることができるなどの権利を与えることにした。しかし，最初は課題を行うがしだいに課題をほとんどやらなくなり，トークンが効果的に働かなかった。また，そうした権利を与えることは，他の生徒や保護者からは理解されず，特に保護者からは批判が強かった。そうした状況で，比較的手軽に導入できる「ほめる・認める」ことを強化子とした。

　「ほめる・認める」行為は，教師により差が見られる行為である。頻繁に児童生徒をほめる教師もいれば，あまり児童生徒をほめることがない教師もいる。「ほめる」ことを強化子として効果的に使用するために，F中学校では，(a) 生徒の望ましい行動を見逃さない，(b) 望ましい行動があればその場ですぐにそれをほめる，(c) 一日の中でできるだけ多く「ほめる」機会をもつことをすべての教師で徹底した。

11. 効果の測定について

　本研究の効果を測定するにあたり，(1)修繕費の変化と，(2)問題行動数の変化を測定することにした。さらに，問題行動数の変化だけではなく，(3)問題行動の程度の変化を測定した。

(1)修繕費の変化について

　F 中学校では，平成 17 年度，生徒の問題行動によって生じた修繕費は 0 円であった。平成 18 年度以降，問題行動が生じるにしたがい修繕費の支出が増加している。直接的な効果の測定ではないが，間接的に問題行動が減少したことを示す指標となると考え，平成 18 年度以降の生徒の故意による破損，または問題行動に伴う破損のための修繕費の変化を調査した。

(2)問題行動数の変化について

　学校内で生じている問題行動の数は，直接的に本研究の効果を評価するものであると考える。問題行動数が減少すれば，本研究の効果が得られたと考えることができる。日本の学校では，問題行動を記録するための決まった形式や様式は存在しない。そこで，問題行動数や内容を把握するため，問題行動報告書の書式を作成し，平成 19 年 10 月から問題行動報告書による記録を行った。これにより問題行動が起きた (a) 年月日，(b) 時間，(c) 問題行動を起こした生徒，(d) 関係する生徒，(e) 問題行動の内容，(f) 報告した教師を記録した。問題行動報告書をもとに，月ごとの問題行動数の推移や，種類ごと件数の変化を比較することにより効果を測定した。

(3)問題行動の分類と問題行動の程度の変化について

　本研究では，Susan et al.（1997）の研究で用いている問題行動の分類方法をもとに，F 中学校で顕著に生じている問題行動を追加して分類した（Table 14）。ひとつの事件の中に複数の問題行動（反抗・暴力・暴言など）が含まれている場合は，そのすべてを問題行動として抽出することにした。

　前述した，Table 13 の分類をもとに，F 中学校で発生している問題行動の程度を，平成 19 年と平成 20 年度で問題行動の程度の変化を調査した。

Table 14 問題行動の分類

問題行動の種類	分類名
大人に対する失礼な言葉	暴言
軽い違反の繰り返し（一日のなかで）	不服従
教師に対しての反抗的態度	反抗
授業等の妨害	妨害
授業のさぼり・授業中の徘徊	徘徊
人に対しての嫌がらせ	嫌がらせ
殴る　蹴る　叩く　などの暴力行為	暴力
学校の財産の破損する行為	公共物破損
他者のものを許可無く使用，破損する行為	他者私物隠蔽破損等
学校で規制された物の持ち込み	規制物
不明なこと	不明
F中学校で顕著な問題行動のため，独自に追加した項目	つば吐き 防火シャッターのいたずら 非常ベルのいたずら

12. 結果

(1)修繕費の変化について

　平成 18 年度から平成 20 年度までの生徒の問題行動による修繕費の年間総額は Table 15 の通りである。また，平成 18 年度から平成 20 年度の月ごとの修繕費の累積を表したものが Fig.5 である。平成 18 年度は，緩やかに修繕費の累積が増加している。平成 19 年度は 4 月から修繕費の累積が急激に増加している。これは 19 年度 4 月以降に問題行動が増加していることを表している。これに対し，19 年度 10 月から累積の増加が緩やかになり 10 月以降の修繕費の発生が少なかったことを示している。平成 19 年度 9 月に介入準備が始まり，10 月は本格的に介入が始まった月である。介入後は修繕費の発生を伴う問題行動が減少したと言える。平成 20 年度の修繕費の発生は 2 件でありその内容はともにガラスの破損である。

第3章 仮説検証のための教育実践　49

Table 15　年度ごとの修繕費

年度	修繕費の総額
平成18年度	￥118,020
平成19年度	￥418,950
平成20年度	￥46,830

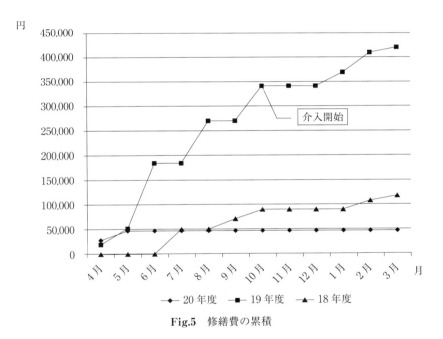

Fig.5　修繕費の累積

　これは感情がコントロールできずパニックになった生徒がガラスを破損させたものであるが，それ以前の問題行動とは異なり，他への暴力や嫌がらせ等を含むものではなかった。平成20年度は，調査期間の10月以降も，これ以上の問題行動による修繕費の発生はない。このことから，本研究の介入により破壊的・暴力的な問題行動が減少していると言える。

(2)問題行動数の変化について

平成19年度10月から平成20年度の月ごとの問題行動数をみると（Fig.6）月ごとの問題行動数は時間の経過と共に減少の傾向にある。

このことは問題行動数累積グラフ（Fig.7）を見てもわかる。平成19年10月から問題行動数の累積は増加している。しかし，平成20年6月から増加のカーブが緩やかになってきている。つまり平成20年度の6月から問題行動数が減少してきていることがわかる。

平成19年11月，平成20年1月，5月に問題行動の増加が見られる。11月は，本研究とは別の取り組みである個別学習室が新たに開始された時期である。個別学習室を暫定的に開室していた時期には，部屋を利用するにあたって特に制限を設けていなかった。正式開室するにあたり，一日の中で個別学習室を使用できる時間帯や使用できる回数に制限を設け，個別学習室では，「挨拶をする」，「課題に取り組む」などの新たなルールが作られた。当

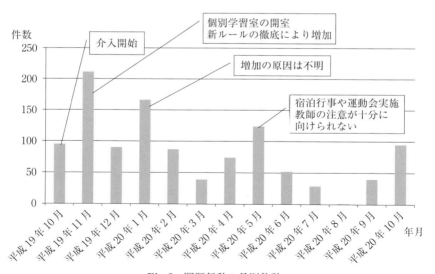

Fig.6 問題行動の月別件数

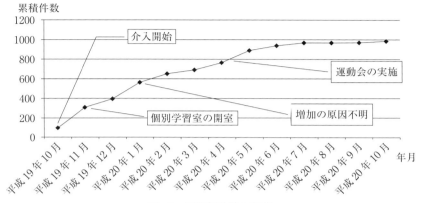

Fig.7 問題行動数の累積

初,そうしたルールに生徒が反発し,教師への暴言や反抗的態度が増加したため,問題行動数がこの時期に増加したと考えられる。また,平成20年5月は,各学年ともに宿泊行事があり月末には運動会が実施された時期である。このような時期は,一般的に学校が落ち着かない時期である。大きな行事のある時期は教師の注意が行事に向けられるため,生徒に何らかの問題行動が出やすい時期である。5月の問題行動数の増加はそうした指導側の体制が関係していると考えられる。また,それを過ぎると6月以降は問題行動数の出現は減少しており,本研究の成果の現れであると考える。しかし1月の増加の原因については不明である。

(3) 問題行動の種類別経年変化について

平成19年度の問題行動の総数は688件,平成20年度は335件であり,問題行動は半数以下に減少している。問題行動の調査を行った時期は異なるが,期間はどちらも6ヶ月間である。Fig.8は,平成19年度と平成20年度の問題行動数を種類別にグラフにしたものである。

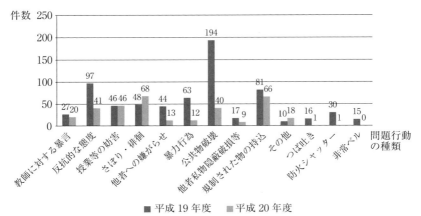

Fig.8 問題行動の種類別経年変化

Fig.8を見ると,「暴力行為」や「公共物の破損」,F中学校では特に問題視された「つば吐き」・「シャッターのいたずら」・「非常ベルのいたずら」は大幅に減少している。

(4)問題行動の質の変化について

Table 16 平成19年度,20年度の問題レベルコードごとの割合

問題行動 レベルコード	19年度			20年度		
	問題行動数	割合	調整済み残差	問題行動数	割合	調整済み残差
A	81	11.8%	-3.4	66	19.7%	3.4
B	323	46.9%	-2.9	190	56.7%	2.9
C	274	39.8%	6.9	61	18.2%	-6.9
D	10	1.5%	-3.6	18	5.4%	3.6
合計	688	100.0%		335	100.0%	

平成19年度と平成20年度の問題行動を,問題行動のレベルコード(Table

14) を用いて分類し，その件数と割合を年度別に整理したものが，Table 16 である。問題行動のレベルについて，年度の間で差があるのかを検討するため，χ^2 検定を実施した結果，平成 19 年度と平成 20 年度には有意な差 (χ^2 (3) =58.938, $p<.01$) が認められた。さらに，年度と問題行動レベルごとに調整済み残差を求めた結果，すべての調整済み残差の絶対値が，2.58 を越えており 1% 水準で有意であると言えた。特に，問題行動レベル C（重度の問題行動）の占める割合は，平成 19 年度よりも平成 20 年度の方が大きく減少しているといえる。また問題レベル A（軽度の問題行動）や B（中度の問題行動）の占める割合は，平成 19 年度より平成 20 年度が僅かに増加していることが明らかになった。つまり，平成 19 年度と平成 20 年度で，平成 20 年度は，生じている全問題行動数のうち，重度の問題行動数の占める割合が大きく減少しており，問題行動の質に変化があったと言える。

　以上のことから，SWPBS の一部変更したものをモデルとして用い，秩序回復のための 4 つの要素である「学校経営に位置づけられ，学校規模で実施されている」，「生徒指導のスタンダード化がされている」，「指導の基準となるルールがある」，「認める指導がなされている」を生徒指導の体制に組み入れることで，(a) 問題行動の数を減少させることが可能であること，(b) 問題行動の全体に対し，重度の問題行動の割合が減少することが明らかになった。

13. 教育実践 1 に対する考察

　本研究は，特に暴力や破壊などの問題行動を減少させることを目的に実施した。生徒の望ましい行動を増加させることにより，問題行動が減少したと考える。実際，学校は前年度に比べ大変落ち着いた状態となった。Table 16 から，問題行動数の減少と問題行動の質が軽減していることがわかる。しかし，Fig.8 を見ると，大幅に減少している問題行動もあるが，減少していない問題行動もある。

「授業等の妨害」は数がまったく減少していない。平成19年度よりも平成20年度は，現場の実感として授業が落ち着いた状態で進められるようになっていた。しかし，問題行動の内容にかかわらず授業の妨げとなった場合は，単に授業妨害として計測していた。このため，授業の状態の変化を正確に表すことができなかったと考える。このことは，「暴言」についても同様のことが考えられる。また，「規制された物の持ち込み」は若干減少しているだけである。しかし，実際には内容には変化があった。携帯電話，ゲーム機や漫画を持ち込んでいたため，その件数がカウントされているが，以前のように授業中にそれらを使用し授業を妨げることは無くなっている。これらには問題行動の分類に課題があると考える。

授業を抜け出す「さぼり・徘徊」は僅かに数が増加している。問題行動を起こしていた生徒は，教室で授業を受けることが多くなったものの，学習面でついていくことが難しかった。大学院生や大学生の外部スタッフが，教師のアシスタントとして授業に入り，学習が遅れがちな生徒の支援を行ったり，個別学習室での個別学習なども行ったりしていたが，十分な学習支援ができていなかったと考える。そのため，授業から抜け出す件数が増加したのではないかと考える。さらに，個々の生徒に応じた学習支援をしていくことが大きな課題である。

生徒個々の変容について，今回質問紙などによる調査を行うことはできなかった。特に多く問題行動を行っていた生徒は5名いた。それらの生徒の行動を観察すると，どの生徒も他者への暴力，器物の破損は全くなくなった。また，教師への反抗的な態度は，全くなくなった訳ではないが，以前の様な暴言や暴力を伴ったものはなくなっている。学校全体の問題行動が減少するということは，個々の生徒の行動も変容していることが考えられる。今後，本研究がどのように個々の生徒の変容につながるか検証することは意義があると考える。

本研究では，指導の基準となるルール（生徒に形成したい行動のレパートリー）

を作成する際,生徒の意見を取り入れている。生徒の意見を取り入れる方がより効果的であるとコミットメントと一貫性の原理 (Cialdini, 1985) からも予想される。しかし,生徒の意見を取り入れることが結果にどの様な影響があるのかは検証していない。この点を明らかにすることは,今後,教育活動を計画する上で意義のあることと考える。

　本研究は小規模校で実施された。容易ではなかったが,比較的短期間に成果を出すことができたと考える。しかし,学校の規模が大きくなるにしたがって同様の取組を行うことは容易ではないと考える。学校規模が大きければ教職員数,生徒数が多くなる。したがって,規模が大きくなるほど,(a) 全職員の理解を得る (b) 形成したい行動のレパートリーを作成する (c) 生徒のオリエンテーションを行う (d) 保護者の理解を得るなどの一つひとつの準備に時間と手間がかかる。特に,(a) 全教職員の理解を得ることは大変重要なことであるが,一番時間がかかることと考える。全教職員の理解が不十分なままに実施すれば,取組が徹底できず効果が期待できない。ここには,管理職の取組に対する理解,強いリーダーシップと職員との信頼関係が必要である。管理職が中心となり推進しなければ,こうした取組の実現はむずかしい。

　本研究で行った取組は,言い方を変えると,生徒のできている行動を「認める」指導であり,それを全校で意図的に推進するということと考える。これは,学校教育にとって本来的な取組である。問題行動が生じていない学校で,本研究の手法を用いることにより,生徒の望ましい行動をさらに増加させることができる可能性がある。今後,問題行動の生じていない学校で,生徒の望ましい行動をさらに増加させることを視点において実施することは意義があると考える。

第2節　仮説を元にしたモデルによる教育実践2

1. 教育実践2　生徒指導体制の4要素を取り入れた大規模校での実施

　教育実践2は，秩序が乱れている大規模校に於いて実施した。学校秩序回復のための4つの要素である「学校経営に位置づけられ，学校規模で実施されている」「生徒指導のスタンダード化がされている」，「指導の基準となるルールがある」，「認める指導がなされている」を生徒指導の体制に取り入れる事で，秩序回復が図れるかどうかを検証する。効果測定は，教育実践1と同様に，問題行動数，問題行動の質の変化，修繕費の変化を用いて測定する。

2. 調査対象および調査期間

　調査対象は，都内住宅地にある公立中学校（以下G中学校）である。G中学校は，生徒数が1学年158名，2学年195名，3学年171名，合計524名，15学級の都内としては大規模の学校である。G中学校のある区では，学区域制が実施されており，生徒は主に近隣の3小学校からG中学校へ入学している。また，住民の教育に関する意識は高く，教育委員会に寄せられる苦情件数は年間全小中学校で1000件を越える地域である。G中学校のある地域は，古い商店街があり，下町の雰囲気を残した保護者もいる一方で，大型の集合住宅がG中学校の隣に出来たため，新たに転居してきた家庭も多い。学校に対して協力的な保護者がいる反面，少しの事でもすぐに苦情を言ってくる保護者も少なくなかった。PTAは継続性がなく，一年ごとに全ての役員が入れ替わる状態であった。保護者全体の学歴は高く，保護者の進学に対する関心は高い。生徒の半数ちかくは小学校時代に私立中学校受験を経験している。3年生の中には，過去の受験失敗の影響から3年に進級して間もな

く不登校になる生徒もいる。

　G中学校は，部活動が盛んな学校で生徒の85％以上は何らかの部活動に加入している。また，加入していない生徒も地域のスポーツクラブでサッカーや野球などを行っている。

　対教師暴力は起きていなかったが，生徒間の暴力，器物損壊など多く発生していた。突出して暴力的な行動を起こす生徒もいたが，生徒全般が問題行動を容認するようなところがあった。ものがなくなったり壊れたりした場合，生徒全員にアンケート調査を行っても一切生徒から情報が出ることはなかった。また，暴力的な行為をおもしろがり，はやし立てて扇動する行為がしばしば見られた。調査は，平成21年度から平成22年度まで実施した。

3. 学校規模での実施について

　平成21年度の時点でG中学校は学校規模での生徒指導が実施できる状態ではなかった。生徒指導の方法は学年毎に異なり，授業中のルールや給食指導，学級活動，清掃の指導方法は学級毎に異なる状態であった。生徒の問題行動が起きても生活指導主任や管理職に報告がなされなかった。また，問題行動の情報は全校あるいは学年内で共有されておらず，自分の学年の事件であっても情報を知らない教師がいることもあった。平成21年度に新校長が着任し，現状を改善するため，年間数回に渡り校内研修を実施し生徒指導上の課題を全教師で共有した。教師は，G中学校の状況に課題を感じており前向きな姿勢で参加した。その結果，G中学校の秩序を回復するため，学校規模で生徒指導の体制を作り直すことが全教師の間で確認され，校長がそれを経営方針に位置づけた。これらの研修会では，G中学校の何が課題なのか，生徒にどのような力を身につけさせたいのか，どのような生徒を育てたいのか，そのためにはどのような方法があるのかについて数回にわたって話し合いをもった。話し合いは，教師を小グループに分けて実施した。各グループは，教師の所属学年や年齢がなるべくばらばらになるようにし，グループ

リーダーには若手の教師を採用した。若手の教師には事前に話し合いのもち方を管理職と幹部教師が指導した。

4. 指導の基準となるルールづくりについて

全体の研修会において，学校規模で秩序回復に取り組む事が確認されたため，生活指導主任など数名の幹部教師と若手教師を中心にプロジェクトチームを編成した。プロジェクトチームでは，研修会で意見が出された，「どのような生徒を育てたいのか」，「生徒にどのような力を身につけさせたいか」，「生徒の行動上の課題は何か」をもとに，指導の基準となるルール作りを行った。「生徒に期待する行動」として5つの基本ルールを作成した。ここで作成したルールは，あまり具体的なものでなく，生徒の多くの行動を包括できるものにした。作成したルールは，職員会議で全教師が確認した。

教師の作業と平行して，プロジェクトチームの生活指導担当教師が，生徒会役員を集め，現在のG中学校の課題や生徒が望む学校像について話し合いをさせた。その話し合いの結果から，さらにどのようなルールが守られれば，生徒の望む学校に近づくのかを生徒に検討させた。教師が考案したルールの原案を生徒にも提示し，生徒の意見を取り入れ最終的に「5つの基本ルール（Table 17）」が完成した。G中学校では，この基本ルールを授業・休み時間・放課後・行事・部活動など学校生活全ての場面で適用することとした。「5つの基本ルール」は，平成22年度春の生徒総会で，生徒会本部から提案され全校生徒に承認された。

また，生活だけではなく学習（授業）に関する基本ルールも作成した。「先生とつくる。みんなの授業（Table 18）」と題し，特に授業中に適用されるルールも生徒会役員で作成した。一般生徒の参加意識を高めるため，5つのルールのうち，5番目は各学級で作成するものとした。

Table 17　5つの基本ルール

1　大切にする。
2　素直にふるまう。
3　話し合って解決する。
4　時間を守る。
5　自分をコントロールする。

Table 18　先生とつくる。みんなの授業

1　目標をもって，全員で授業に参加しよう。
2　意識して話を聴こう。
3　発言・質問をするときは手を挙げよう。
4　チャイムで切り替えよう。
5　5番目は各学級で考えてください。

5. 生徒指導のスタンダードづくりについて

　生徒指導のスタンダードづくりも，基本ルール作りとほぼ同様の手順で行った。全体研修会での課題の確認，方向性の決定を行った後，プロジェクトチームが原案を作成し職員会議で提案し，他の教師の意見を取り入れ再提案するというサイクルを繰り返した。生徒指導のスタンダードは，(a) 生徒指導の基本的姿勢，(b) 日常の生徒指導上の確認事項，(c) 問題行動を指導する際の確認事項の3つに分かれている。生徒指導のスタンダードは，指導の基準となるルールと同様，平成22年度からの実施を目標に作成した。しかし，平成21年度も完全ではないが，(a) 問題行動は管理職，生活指導主任に報告する，(b) 学年教師全員で情報を共有する，(c) 職員朝会で必ず全体に報告する，(d) 暴力的な事件は，授業中であっても取り出して指導する。を確認して実施した。

6. 認める指導について

　生徒指導の基本姿勢として，生徒指導のスタンダードでは，(a) 基本的に

生徒のできているところを認める・ほめる指導を行う。(b) 問題行動の指導の際も，その生徒を認める機会と捉える事とした。さらに，生活指導部から提案し年間を通して，月1回程度各学級で構成的グループエンカウンターを実施することで，生徒間の人間関係づくりや認め合いの活動を行う事にした。さらに，教育相談週間（ハートフルウィーク）を設け，生徒が話をしたい教師を指名して話をする時間を設けた。教師はその場で指導はせず，生徒の話を聞くことに専念し，生徒の良さを見つけそれを認める機会とした。

G中学校での取組では，F中学校の場合と異なり具体的な生徒の行動を強化するのではなく，生徒の期待される行動を認める姿勢を教師全員がもつこととした。これは，期待される行動や生徒の存在自体を教師が認めていくことにより，生徒の行動の般化をねらったものである。

7. 行動修正の方法について（問題行動の指導）

生徒が問題行動を起こした際の指導は，教育実践1と同様に行った。何がどのように不適切であったかを生徒に理解させ，反省を促すためのワークシート「ふりかえり用紙」(Appendix 2)も同様に使用した。問題行動を起こした生徒は，「ふりかえり用紙」に自分のした行動やその行動が「5つの基本ルール」のどの部分に反するのか，そして，どの様に行動すれば良かったのかなどを記入する。「ふりかえり用紙」に適切に記入することができたとき，あるいは記入することができなくとも，口頭で答えることができたりした場合，教師はそれを望ましい行動として捉え，生徒の行動を認める機会とした。これは，G中学校生徒指導スタンダードの基本姿勢である。指導する者・指導の程度・方法は，生徒指導のスタンダードにしたがって実施した。

8. 実施にあたって

上記で説明した，4つの要素を取り入れた生徒指導体制は，平成22年の4月から実施した。生徒指導のスタンダードについては，年度当初教師が異

動により入れ替わるため，校長が経営方針の説明の際に秩序回復を全校規模で実施する事を説明した。さらに，生活指導部より，生徒指導のスタンダードについて説明を行い転入した教師にも理解を求めた。そして，スタンダードに基づいて日常の生徒指導，問題行動が発生した際の生徒指導を行った。

指導の基準である「5つの基本ルール」については，生徒総会での承認の後，道徳の授業で生徒の理解を深めることにした。各学級で5回の道徳の時間を用いて，生活指導部から提案された授業案をもとに5つの基本ルールについて各生徒に考えさせ，理解を深めるための授業を行った。例えば，基本ルール1番目の「大切にする」というルールであれば，授業を大切にするとは，友だちを大切にするとは，自分を大切にするとは具体的にどのような行動であるのかについて班討議を行い，学級としてルールを守るために具体的にどのような行動を取るかについて話し合いを行った。

生徒指導のスタンダードは，学期毎にその実施について問題点がないか振り返り，問題があれば次の学期から修正した。さらに，2学期後半から生活指導部が提案し次年度に向けての改善案を作成した。5つの基本ルールについては，生徒会役員で今年度の反省を行い次年度に向けて基本ルールの改定作業を行った。これらの改定作業は，毎年，何を目標にこの様な取組を行っているのかを全教師で確認し，そのときの状況に応じた内容に変更することで，生徒指導の体制を学校に残すことが目的である。

9. 結果

(1) 修繕費の変化について

平成21年度と平成22年度までの生徒の問題行動による修繕費の年間総額はTable 19の通りである。また，21年度と平成22年度の月ごとの修繕費の累積を表したものがFig.9である。生徒が故意に破損させた，主に窓ガラスなどの修繕費の推移である。Fig.9を見ると平成21年度と比較して，平成22年度は年度末に向けてかなり低い金額であったことがわかる。しかし，

平成22年度末に一部の生徒が，高額な教室のドアを故意に破損させるという事件があったため，金額が一気に上昇している。しかし，件数を見てもわかる様に学校全体として，器物損壊の件数やそれに伴う修繕費は減少している。

Table 19 年度別の修繕費

年度	修繕費（円）	前年度比	件数（件）
平成21年度	¥828,796		29
平成22年度	¥685,156	17%減少	16

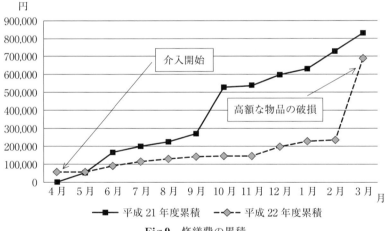

Fig.9 修繕費の累積

(2)問題行動数および問題行動の質の変化について

Fig.10は，G中学校の平成21年度と平成22年度の月別問題行動数を表したものである。介入を開始した平成22年度は平成21年度と比較して全体的に問題行動数が減少している。平成22年度の4月から6月までは前年度と比較して，問題行動数が大きく減少している。これは，学校規模での実施と

生徒指導のスタンダードが徹底された効果であると考える。平成21年度の6月に問題行動数が急増しているが，この月は運動会や宿泊行事が重なり教師の目があまり行き届かなくなる時期である。また，3学年は，第一回目の進路説明会が実施され生徒も保護者も進路に対する関心が高まると共に，保護者から生徒へ進路に関するプレッシャーが高まる時期でもある。進学に関する保護者からの生徒に対するプレッシャーが問題行動を増加させたということも予想されるが，今回はそれらの関係についての調査を行っていない。平成22年度の9月以降，問題行動数が増加している。これは，夏季休業をはさみ生徒指導のスタンダードの徹底が教師間で緩んできたことが原因の一つと考えられる。またこの年は，2学年の宿泊行事が9月早々にあったことも原因として考えられる。

G中学校の問題行動数の累積（Fig.11）を見ても，平成22年度は平成21年度よりも全体的に問題行動数が減少していることがわかる。しかし，問題行動数は減少したが，累積の状況は前年度と同じような変化を見せている。これは後半に入り，生徒指導スタンダードが徹底できていなかったためなのか，進路等により生徒の心理的なことが原因なのか今回の調査では不明である。

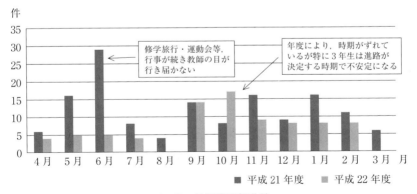

Fig.10 月別問題行動数

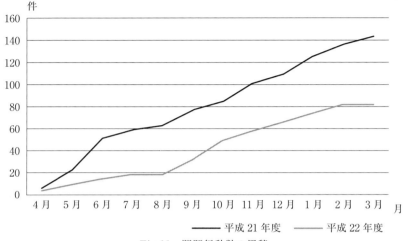

Fig.11 問題行動数の累積

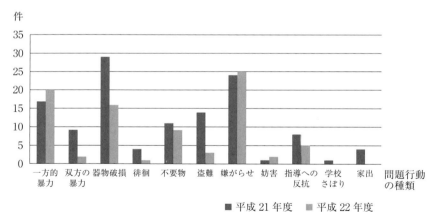

Fig.12 問題行動別経年変化

　次に問題行動別の経年変化を見てみると，一方的な暴力は前年度と比較して若干増加している。これは，一部の暴力的な傾向のある生徒が起こしたも

のである。しかし，これに対して双方の暴力は大きく減少している。以前であれば暴力的な生徒に挑発され喧嘩になるような状況でも，他の生徒が挑発にのらなくなりトラブルを回避するようになったため生徒双方の暴力は減少したと考えられる。また，器物破損や盗難などはやはり大きく減少している。平成 22 年度の全問題行動の内，一部の生徒（5 名）が起こしたものを抽出するとおよそ全問題行動数の 69％であった。平成 21 年度は，問題行動の発生が生徒の全般的に広がっていたのに対し，平成 22 年度は問題行動が一部の生徒に限られるようになってきた。

Table 20　21 年度，22 年度の G 中学校の問題レベルコード毎の割合

問題行動 レベルコード	21 年度			22 年度		
	問題行動数	割合	調整済み残差	問題行動数	割合	調整済み残差
A	40	28.0%	1.30	17	20.2%	-1.30
B	26	18.2%	-2.02	25	29.8%	2.02
C	77	53.9%	0.56	42	50.0%	-0.56
合計	143	100%		84	100%	

　平成 21 年度と平成 22 年度の G 中学校の問題行動を，問題行動のレベルコード（Table 14）を用いて分類し，その件数と割合を年度別に整理したものが，Table 20 である。問題行動のレベルについて，年度の間で差があるのかを検討するため，χ^2 検定を実施した結果，平成 21 年度と平成 22 年度には有意な差（$\chi^2(2)=4.57, p>.05$）が認められなかった。さらに，年度と問題行動レベルごとに調整済み残差を求めた結果，レベル A と C は調整済み残差の絶対値が，1.96 を越えておらず有意であると言えない。問題行動レベル B（中度の問題行動）は，1.96 を越えているので有意であるといえる。しかし，クロス集計表による χ^2 検定は，項目の要素の関係性をみるものであり，B の値が平成 21 年度と平成 22 年度では近い値になっているため，統計的に相殺されて有意差が出ていない可能性がある。そこで，問題のレベルコー

ドのA, B, C, 合計の各々でχ^2検定を試みた。

その結果,

問題行動レベルAでは, $\chi^2(1)=9.28, p<.05$

問題行動レベルBでは, $\chi^2(1)=0.02, p>.05$

問題行動レベルCでは, $\chi^2(1)=10.29, p<.05$

問題行動の合計では, $\chi^2(1)=15.34, p<.05$

となり,問題行動A, C, 合計の3項目においてそれぞれのχ^2値が3.84を超えているため,有意な差があると言える。このことから,中程度の問題行動には変化がなかったが,重度と軽度の問題行動数の割合は減少があったと言える。

問題行動レベルは,その年度の問題行動全体に対して,軽度(A)・中度(B)・重度(C)の問題行動の割合がどの程度であるのかを示している。学校としては,前年度と比較して問題行動の総数が減少すること(A・B・Cそれぞれの数が減少する),そして次に問題行動レベルの深刻なもの(BやC)の占める割合が減少することが秩序回復の判断基準となる。しかし,これは学校全体の状況を概観するものである。単純に前年度にCの行動をしていた生徒がBの問題行動をする様になったというものではない。生徒個々の変容については,また別の調査が必要であると考える。

(3)生徒の変容について

本来であれば,生徒に意識調査を行い生徒の変容を調査することは有意義である。一方で,当該校の校長としては,研究のために教師や生徒に負担をかけることは,避けなければならない。そのため,本研究では生徒に対する質問紙による調査は行っていない。しかし,個々の生徒の変容を知るため,学年担当や学級担任の教師にインタビューを行い,介入を行った平成22年度に在籍していた生徒が平成23年度にどのように変容したかを調査した。

○生徒A
・学級内で「嫌いな人アンケート」をしたり，特定の女子生徒に対して嫌がらせをしたりしていた。トイレの窓から花瓶やトイレットペーパーを外へ投げるなどの器物損壊をしていた。
　→以前行っていた問題行動は一切なくなる。嫌がらせをしていた女子生徒には丁寧な言葉で接する様になった。授業中の私語もなくなり授業態度がよくなる。

○生徒B
・他の生徒の靴を隠すなどの嫌がらせを頻繁に行っていた。
　→嫌がらせを一切しなくなった。部活動に熱心に取り組み，区大会個人優勝，ブロック大会個人優勝などの成果を出している。

○生徒C
・生徒Aと一緒になり，特定の女子生徒へ嫌がらせをしていた。また，教師に対して反抗的で，授業中に騒いで授業の妨害をしていた。
　→嫌がらせをしなくなる。授業で騒ぐことがなくなる。悪意のあるいたずらや，他者を言葉で非難することがなくなった。

○生徒D
・頻繁に他の生徒に暴力的な行為をしていた。
　→暴力的な行動がなくなる。合唱コンクールのパートリーダーを勤めクラスをまとめるのに貢献した。部活動に熱心に取り組む。授業中に他の生徒を注意する様になった。

○生徒E
・金銭やゲーム機などを他の生徒と貸し借りをし，返却せずにトラブルとなる。また，他の生徒に暴力的であり，授業中の私語が多かった。
　→他の生徒との金品の貸し借りを行わなくなる。学力は上がっていないが，学習に対する意欲を見せている。落ち着きが見られ，授業態度がよくなる。

○生徒F
・他の生徒に対する暴力的な行為，悪ふざけ，授業中に私語をし，騒いで授業を妨げる。
→暴力的な行為がなくなる。周囲の生徒に気を使う発言をする様になる。学習は苦手であるが，真剣に授業に取り組む様になる。

　上記の生徒は前年度の生活指導部会で頻繁に報告されていた生徒である。すべての生徒を調査していないが，問題行動が顕著であった生徒については上記のような変容が見られた。このことから，本研究のモデル試案は，個々の生徒にも変容をもたらす可能性が期待できる。

10. 教育実践2に対する考察

　教育実践2では，学校秩序回復のための4つの要素を生徒指導体制に取り入れる事により，学校の秩序回復が図れるかどうかを検証した。秩序回復の判断としては，問題行動数の減少，修繕費の減少，問題行動の質の変化である。

　問題行動数は，平成22年度には前年度の41.3％減少している。問題行動の中でも，器物破損は大きく減少している。これは，修繕費の額や件数が減少している事からもわかる。平成22年度の問題行動の特徴として，特定の生徒に限られてきているということがあった。このため，一方的な暴力は減少していないが，双方の暴力が大きく減少している。今までは，問題行動を起こす生徒に挑発されて，暴力をふるっていた生徒が，それを避けるようになったためである。また，大きく減少したものとしては盗難がある。前年度は物だけでなく，金銭も校内で無くなるという事件があったが，平成22年度は金銭が無くなる事件は全く起きていない。問題行動の質の変化は，中度の問題行動Bには変化が見られなかったが，重度の問題行動C，軽度の問題行動A，問題行動の合計は，それぞれ減少しており，G中学校の秩序は回復に向かったと言える。さらに，すべての生徒を調査していないが，問題行

動が特に多かった生徒について教師にインタビューを実施した結果，それぞれの生徒の行動が改善したり，学校生活に意欲的になったりしたことが明らかになった。このことから，他の生徒にも変容の可能性が期待できる。今後，本研究のモデルが，個々の生徒の行動や意識にどのような変容をもたらすか調査することは，本研究モデルをより発展させるために意義があると考える。

第3節　全体考察と教育実践の結論

1．全体考察

　学校の秩序回復のために行われた，国内の実践と米国で行われた実践から，学校秩序回復のために有効であると考えられる4つの要素を抽出した。そして，(a) 学校規模で実施される，(b) 生徒指導のスタンダード化がされている，(c) 指導の基準となるルールがある，(d) 認める指導がなされている，の4つの要素を生徒指導の体制に取り入れることにより学校の秩序が回復できると考えた。そして，教育実践1と2では，これらの4つの要素を生徒指導体制に取り入れることにより，学校の秩序が回復できるかを検証した。その際，学校の秩序回復の判断基準として，(a) 修繕費の減少，(b) 問題行動数の減少，(c) 問題行動の質の変化を用いることにした。教育実践1において，(a) 修繕費の減少，(b) 問題行動数の減少，(c) 問題行動の質の変化，のいずれにも減少がみられ，学校の秩序回復が図れたといえる。教育実践2においては，教育実践1と比較すると程度の差はあったものの，(a) 修繕費の減少，(b) 問題行動数の減少，(c) 問題行動の質の変化，が見られた。これらのことからF中学校，G中学校の秩序は改善されてきたといえる。

　教育実践2では，問題行動の分類において一方的な暴力という分類を行った。一方的な暴力でも，その内容が相手に大きな負傷を負わせ病院での治療が必要なものと，身体を叩いただけでは異なるものである。暴力の内容別に

さらに細分し調査することにより，学校秩序の把握がさらに正確なものになることは考えられるが，問題行動の調査に要する労力が増すことは避けられない。本研究は，学校の秩序回復のモデル試案を提供することである。ある程度，学校の秩序状態を把握することは必要であるが，把握のための労力が過剰になることは避けたい。秩序回復という本来の目的に労力をかけるべきであり，現場の教師には本来的な目的のために労力を用いてもらいたい。そのため後述するモデル試案では，問題行動の分類を変更しない。しかし，問題行動の内容を検討しさらに細分化して調査することは，学校の秩序状況を把握するための研究として意義あることと考える。

　教育実践１と２では，問題行動の質の変化が異なっていた。教育実践１では，問題行動の質にも大きな変化が見られた。教育実践１と２では，同様の生徒指導体制の４つの要素を取り入れている。異なる部分は，指導の基準となるルール（行動のレパートリー）と学校規模である。指導の基準となるルールについて，Ｆ中学校では具体的な行動レベルのものを作成した。これに対しＧ中学校では，５つの目標を示すにとどめ，具体的な行動レベルにはしていない。これは，Susan et al.（1997）の研究で示されていることであるが，行動のレパートリーとしなかった行動については改善されておらず，他の行動に般化しにくいという指摘がある。このため，Ｇ中学校では他の行動への般化を期待して，具体的な行動とせず５つの目標を示すにとどめた。指導の基準となるルール（行動のレパートリー）の生徒への示し方により，その効果に影響が出たことも考えられる。また，Ｇ中学校の生徒数は，Ｆ中学校のおよそ５倍であり，教師の数は２倍強である。教師の数が多くなれば，学校規模での導入に時間がかかる。さらに，生徒数が多くなると指導の効果が現れるのに時間がかかることが考えられる。今回は，２つの中学校での実施であるが，さらに規模の異なる学校で実施し，導入のプロセスを変更したり，指導の基準となるルールの示し方を変更したりすることで，より効果的な導入方法が見いだせると考える。

2. 教育実践の結論

　学校秩序を回復するために，生徒指導の体制に (a) 学校規模で実施される，(b) 生徒指導のスタンダード化がされている，(c) 指導の基準となるルールがある，(d) 認める指導がなされている，という4つの要素を取り入れることにより，問題行動数の減少，修繕費の減少，問題行動の質の変化があり学校の秩序が回復できると言える。学校の規模や導入に必要な手順や期間，指導の基準となるルールの示し方により，効果の現れ方に差異がある可能性があり，これについては今後研究の余地があると考える。

第4章　スタッフトレーニング

第1節　生徒指導体制モデル試案の導入と学校経営

1．生徒指導体制モデル試案導入のプロセスについて

　前章までで，学校の秩序回復を図るための生徒指導の体制モデル試案について述べ，その効果を検証してきた。ここでは，生徒指導体制モデル試案の導入の過程について学校経営の視点から述べたい。

　生徒指導の体制モデル試案を導入するためには，その構成要素のひとつである学校規模での実施が不可欠であることは前に述べた通りである。学校が荒れ，問題行動が多く発生している場合は，特に生徒指導において学校規模での取組みができていない状況になっている。教師は現状を改善しようと様々な努力をする。努力の成果がなかなか現れなければ，焦りを感じ，苛立ち，互いに批判的になる。教師相互の連携もうまくいかなくなり，報告・連絡・相談といった基本的なことでさえ疎かになってくる。前述した生徒指導のダブルスタンダード化がさらに進むと考えられる。教師同士の関係がこのような状態では，学校の秩序回復は望めない。生徒指導体制モデル試案を導入する過程は，管理職を含め，教師全員が共通の目標をもち，その目標を達成するための具体的な行動をともにする作業である。つまり，教育の世界で昔からよく言われている「一枚岩」になるための具体的なプロセスであると考える。生徒指導体制モデル試案を導入する過程は，バラバラになった職員の意識を同じ方向に向け，現状改善への動機付けを行い，組織として一つの目標を達成するための具体的な行動に移していくことであると捉えることが

できる。

　前章で述べたF中学校とG中学校で，生徒指導体制モデル試案を導入した際の過程について述べる。ともに，生徒の問題行動が多く発生し学校の秩序が乱れているという現状があった。そこで，(1)管理職から全教師に対して学校の秩序を回復するという方針を示した。次に，(2)何が現状の課題なのかを求めた。校内研修会を数回行い，現在の問題を把握し全員で共有するために議論を行った。さらに，「どのようになれば良いのか？」という解決像を議論することで共有した。解決像は，目指す学校の姿であり，目指す生徒の姿である。そして，(3)管理職から解決するための方策の提案を教師に求めた。プロジェクトチームを編成し，管理職も加わり解決のための方策を検討した。(4)解決のための方策案は，提案されるごとに全体で確認され，他の教師の意見を集約し修正するという過程を何度か繰り返した後，方策を決定した。そして，(5)解決のための方策（生徒指導体制モデル試案の導入）を行い，学校の秩序回復を行った。この過程を整理してみると，(1)方向性の提示，(2)課題と解決像の共有，(3)方策の要請，(4)方策の決定，(5)方策の実施である。この過程は，学校の秩序を回復していくための過程であるとともに，学校経営という視点から見れば，学校組織立て直しのためのスタッフトレーニングの過程であるとも言える。ここで言うスタッフトレーニングとは，学校組織として同じ目標を目指し，そのために必要な教師の動機を高め，目標達成のために必要な知識やスキルの研修を行うことである。職務上の課題を解決しながら資質を高めていくのであるから，OJT（On The Job Training）であるとも言える。本研究は，学校秩序を回復するために有効な生徒指導体制モデル試案を提案すると同時に，学校組織を立て直すためのスタッフトレーニングのモデル試案を提案するものでもある。

2. スタッフトレーニングと管理職の役割

　学校経営に限らず経営を行う際，明確なビジョンや方策を示すことは管理

職の役割のひとつである。学校経営において，優れた識見を持つ校長が，ビジョンや方策を示す場合，それがいかに優秀なものであっても，教師との軋轢などから校長のスタンドプレーやトップダウンと教師に捉えられうまく行かないことがある。トップダウンが悪いことではなく，管理職と教師が職を通して信頼関係にあり，学校組織が一つの方向に向かう動機付けがなされていれば，トップダウンの提案であっても成果を出すことができる。しかし，そうした環境がいつもある訳ではなく，荒れた学校へ赴任して早々ではそうした環境が整っていない場合が多い。どのような学校にあっても，学校の課題を教師と共有し，教師の動機付けを行い，学校として一つの目標（この場合は秩序回復）を目指して学校組織を動かしていくことが重要であり，それは管理職の役割である。方策決定の際には，いかに職員の意見を取り入れ，教師に自我関与させることが，教師の動機を高めることにつながる。ボトムアップの形をとりながら，教師の動機を高めるのである。これは，教師間に「協働」という形を作り上げることにもつながると考える。ここで言う協働とは，異なる主体が何らかの目標を共有し，ともに力を合わせ活動することを言う（Ostrom, 1977）。協働は，各成員が異なる役割を担い，個々の能力を発揮する。さらに構成員の努力した結果が，相互作用によって，構成員個々の成果の総計以上のものになる（Lepper & Whitemore, 2000）と言われている。また，作業のプロセスそのものが，参加者同士，お互いに理解，啓発，刺激のし合い，自己実現の場ともなり，参加した全員がある程度の達成感や満足感を得られる。さらには相互の信頼関係も生まれるという相乗効果を生むものであるとも言われている（野沢，2004）。本研究の生徒指導体制を導入する過程は，学校に協働の場をつくることであると考える。このようなことを可能にする立場にあるのは管理職である。生徒指導体制モデル試案を学校に導入する過程で，管理職を含めた教師全員の「協働の場」を作り上げることは，管理職としての重要な役割であると言える。

3. スタッフトレーニングの要素

　スタッフトレーニングの要素は，大きく分けて，(a) 教師の動機付けと，(b) 課題解決に必要な知識やスキルの研修，(c) 協働体制づくりに分けられると考える。3つの要素を揃えることは，管理職の重要な役割である。(c) 協働体制づくりは，生徒指導体制モデル試案を作り上げ，実施していくすべての過程でなされるものである。(a) 教師の動機付けは，スタッフトレーニングの主に前半の過程である(1)方向性の提示，(2)課題と解決像の共有，(3)方策の要請の過程を通してなされる。(b) 課題解決に必要な知識やスキルの研修は主に後半の(3)方策の要請，(4)方策の決定，(5)方策の実施で必要に応じて行われるものである。秩序回復の方策に必要な知識・スキルがあれば，最優先で研修会を設定し教師の知識やスキルのレベルの水準を一定のものにしておくことが大切である。

4. スタッフトレーニングのプロセス

(1)方向性の提示

　方向性の提示は，言うまでもなく秩序回復のための方針である。経営方針に学校秩序の回復について明示し教師や生徒，保護者に対して宣言することである。荒れた学校では，教師だけでなく一般の生徒，保護者も不安や憤りを感じている。それに対して管理職は，今後どのようにするのか，はっきりとした方針を示すべきであり，それが管理職の役割のひとつでもある。乱れた秩序に対し経営者としてどのようにするのかを明確にしないまま，個々の問題行動の対処のみにとどまることがある。これは堂々巡りの始まりであり，教師は日々生じる問題行動の対応に追われる。そして，ひとつの問題行動の指導が終わらないうちに，次の問題行動が生じ教師の処理能力を超えてしまうことがある。問題行動が慢性化し，教師は軽度の問題行動には目を向けなくなり，一般生徒や保護者の信頼を失うことにつながる。行き詰まった局面

を打開し学校規模の取組みを実施するために，学校秩序回復の方針を教師・生徒・保護者に明らかにし協力を求めることが必要である。

(2) 課題と解決像の共有

　方針が提示されたら，次に行うのは課題と解決像の共有である。いま「何に困っているのか」，「何がうまくいかないのか」などを教師間で出し合うのである。ここでは，「何が悪い」や「誰が悪い」ということには触れず，事実としてうまく行っていないことを取り上げる。それらが出尽くしたら付箋紙による親和図法を用いてカテゴライズし，それら課題がどのように解決すれば良いかについて意見を出し合う。現状の課題を確認した後に，解決像を共有するのである。解決像は，「どのような学校にしたいのか」，「どのような生徒に育てたいのか」など，教師が目指す学校像・生徒像である。課題把握と解決像の共有は，十分に時間をかけて行うことがよい。ゴールである解決像が明確になっていなければ，そのための方策も定まらない。

　学校の秩序が乱れている原因に焦点をあてるのではなく，どのように解決したいのかという解決像に焦点をあてる。これは，Solution Forecast Approcah（解決志向ブリーフセラピー）モデルを用いたものである（Shazer, 1994）。ある症状の原因は一つとは限らないし，原因が分かったとしても解決につながるかどうかはわからない，したがって原因よりも解決像に焦点をあてて問題解決の援助を行うモデルである。

　現状の課題として，教師からは生徒の問題行動やできていない行動について出てくることが考えられる。しかし，課題は生徒の問題行動ばかりではない。実は教師の指導方法や指導体制，教師間の連携の方法についても課題があるはずである。教師間や教師と管理職の報告・連絡・相談がうまくできておらず，生徒の情報も共有されていない。このような状況が生徒指導のダブルスタンダードを生むのである。したがって，課題を把握していく過程では，生徒にみられる課題だけでなく，教師側には課題がないのだろうかという視

点を管理職として示していくことも必要である。

　(1), (2)を通して述べてきたことは，教師の動機付けにつながることである。動機付け理論は大まかに言って，「認知」，「情動」，「欲求」という心的要素をそれぞれ重視する3つの理論群に大別することができる（上淵, 2004）。(1), (2)のプロセスを行うことにより，認知的な動機付けがなされていると考える。学校が荒れ，問題行動の対応に追われている教師は，希望を失いがちである。しかし，管理職により現状打開のための方針が明確に出されることにより，「もしかすると変わるかも知れない」という希望をもつことができる。これは教師の期待，すなわち「主観的な成功の可能性に関する信念」の高まりである。また，(2)の過程は課題と解決像を共有する過程であるが，これは，教師の教育に対する「主観的な価値付け」を明確にする作業でもあると言える。主観的な価値付けとは，自らの欲求や個性に基づいて，社会的な規範などの影響を受けながら，日常的な体験を通して何が望ましいかということに関する安定的で一般的な信念のことである（Feather, 1999）。すなわち，教師として，どのような生徒を育てたいのか，どのような学校にしたいのかを明確にし，教師間で共有することにより，秩序回復に対する価値付けを行っていると考えられる。この状況を打開できるかもしれないという期待と教師がもっている秩序回復することに対する教育的な価値の両者を高めることにより，教師の動機付けがなされていくと考えられる。

(3)**方策の要請と決定**

　方策の要請は，秩序回復のための具体的な方策を教師に求める過程である。はじめから，トップダウンするのではなく，ボトムアップを求める。全員の教師が考え，それぞれが何らかの提案をすることがよい。提案されたものを分類・整理し，時にはリフレーミングすることで学校としての一つの方策へまとめあげていくのである。(2)課題と解決像の共有や(3)方策の要請では，いわゆる職員会議のような形式ではなく，教師を小集団にわけるなどし，管理

職もその中に入り，討議を行う方が効果的である。いわゆる職員会議の形式は，管理職対教師という体制になりやすい。管理職が方策を訴えかけてもいわゆる授業形式になり効果が期待できない（Lewin, 1947）。小集団による討議形式は，討議している間，管理職も課題解決をするための一員であり協働の一員である。討議形式では，扱われている議題に積極的に参加しやすくなる。他者の意見に耳を傾け，自己の意見を表明するという過程を通じて，自己の意見の肯定的側面，否定的側面をよく認識できるようになり，討議されている論点が自己の思考の中に顕在化してくる。また，討議する場面では，決定や結論に教師が関与することができる。これは結論にコミットすることである。さらに，討議を通して合意形成されていく過程で集団としての規範が形成されてくる（榊，2002）。これは，学校規模での実施を行う上で重要なことである。指導の基準となるルールや生徒指導のスタンダードが定まっても，全員の教師が実践しなければ効果が期待できない。人は，自分がコミットした事柄について，一貫性を保とうとする傾向がある。全員の教師が決まったことを実施するためには，取り組む内容に自己の意見が反映されており，その決定に自分も関わってきたという過程が必要なのである。したがって，時間はかかってもこの過程は丁寧に行うことがよい。プロジェクトチームを編成して方策を検討する場合も，チームからの提案があり全員で確認・検討し，修正の意見があれば，チームがそれを参考に修正案を再提案するというプロセスを繰り返した後決定する。大切なことは，教師が提案や決定に関与したということである。

　教師に方策を求め，議論を重ねても，良い方策が出ないこともある。その場合は，管理職が課題解決のメンバーの一員として方策案を出せばよい。管理職は，はじめからある程度方策を検討し具体的な提案を持つべきである。

(4) **方策の実施**

　学校規模での実施がきまり，方策が決定すればあとは実行していくのみで

ある。実行していく過程でも注意すべきことがある。それは，教師の動機の維持である。学校規模で実施していても，成果がわからないと動機が落ちてきて自分くらいやらなくてもよいのではないかという「社会的手抜き」といわれる現象がおきることがある。これを防止するためには，(a) 個人の貢献がわかるようにする，(b) 課題に対する自我関与を高める，(c) 他者に対する信頼感を高める，(d) 集団全体のパフォーマンスの変動についての情報が成員個々に伝えられることが大切であると言われている（釘原，2011）。

「社会的手抜き」が起きないように，管理職は，学校秩序の尺度を用い学校の秩序状態を調査し教師にフィードバックしたり，秩序回復に努力している教師に声をかけたりする必要がある。また，方策の実施中であっても，定期的に取り組み内容を評価し方策の修正を行う際に教師の意見をより多く取り入れるようにすることで，教師の動機が下がらないようにすることが大切である。

第2節　モデル試案導入による教師の変容

1. 教師の変容の調査について

生徒指導体制のモデル試案を導入することは，スタッフトレーニングであることは前述の通りである。生徒指導体制を作り上げていく過程が，教師の研修であり育成でもある。スタッフトレーニングのモデル試案の提案であるならば，当然その効果の測定が必要である。F中学校，G中学校の教師全員に対して質問紙による調査を行い教師の意識や行動にどのような変化があったのかを調査することは意義のあることであり，必要なことである。しかし，筆者はF中学校，G中学校の校長であり，全員に意識調査を実施することは，教師に職務以外の負担をかけると同時に，職務上の圧力をかけることにつながる可能性がある。そのため，質問紙による調査は実施せず，G中学校の教

職員23名中の11名に協力を依頼しインタビューを行った。主任級の教師と日頃あまり発言の無い教師を選び，インタビューから教師の意識や行動の変容について調査することとした。

2. 教師のインタビュー調査から

　G中学校の職員の中から11名に協力を得てインタビューを行った。生徒指導体制を作り上げることにより，(a) 生徒の意識や行動に変化があったか，(b) 教師の意識や行動に変化があったか，(c) 導入してよかった点，(d) 導入して悪かった点，などについて自由な会話で意見交換を行うことで調査した。以下はインタビューの結果である。

　○A教諭
　・生徒の発言から基本ルールについて耳にすることがある。
　・スタンダードがあると教師同士の話が進みやすい。
　・自分自身スタンダードにあわせなければという気持ちがある。
　・共通認識があると動きやすい。
　・先生によって，生徒に対する発言内容が異なることが少なくなる。
　○B教諭
　・生徒指導に関して「やりましょう」ということが楽になった。
　　以前は，言っても無駄だからと口を閉じていた。
　・生徒指導に関して，言ったときの先生たちの反応がよくなった。
　　みんな，やらなければという反応がある。
　・先生たちの動きが断然速くなった。
　・デメリットは感じない。
　○C事務職
　・生徒たちから良く挨拶が返ってくるようになった。
　・生徒たちの反応が柔らかくなった。
　・生徒に何か言ってもアイコンタクトのような反応がある。

・生徒を注意すると，素直にごめんなさいという言葉がでる。以前は注意しても無視をされた。
・先生たちの対応が柔らかくなった。
・職員間のやりとりが楽になった。
・朝の打ち合わせでも，生徒指導の報告を聞く姿勢が前向きになった。
・先生たちが自分の仕事の責任を意識している。

○D教諭
・基本ルールは覚えやすく，それに則って指導できるのがよい。
・他の教師も行っているので，生徒に指導しやすい。
・生徒は教師の指導を受け取りやすくなった。
・みんなで良い学校を創ろうという姿勢が先生にも子どもにも出来ている。

○E教諭
・生徒の雰囲気が良くなった。
・集会で生徒がざわつかなくなった。すぐ静かになる。
・学年を越えて注意ができるようになった。
・他学年の先生が注意してくれるとありがたいと感じる。
・教師が始業時に教室へ早く行くようになった。
・スタンダードで決まっているから指導しやすい。
・教師が生徒指導に関して意識を持つようになり生徒指導がしやすい。
・デメリットは感じない。

○F教諭
・生徒の学ぶ意欲が出てきた。
・生徒同士が「やめろ」と言い合えるようになった。以前は，他の生徒に引きずられてそのような発言は見られなかった。
・生徒同士で注意しあう場面が見られるようになった。
・教師の雰囲気が明るくなった。
・スタンダードがあるため生徒を指導しやすくなった。

・指導の基準があると生徒に指導しやすいし，生徒からもわかりやすい。
○G教諭
・学年セクトがなくなった。
・教師みんなが動くようになった。
・学年を越えて手伝いあうようになった。
・教えていない生徒にも声をかけやすくなった。
・教師全員が，一緒に同じ方向を向いてやれるという雰囲気ができた。
○H教諭
・生徒の集団行動の態度が良くなった。
・通常は，上の学年がいなくなると下の学年がだらしなくなるがそれが見られなかった。
・喧嘩や怪我があってもスタンダードにそった指導ができるので助かる。
・生徒を指導する際は，自信をもって指導できる。
・生徒の態度も素直になった。
・生徒は自分がやったことを素直に認めるようになった。今までは反抗的だった。
・教師間は話しやすくなった。風通しがよい。
・学年ごとの対応に差が少ない。
・生徒の情報交換するときもやりやすい。
○I教諭
・教師の行動が変わったから，生徒にも「まずい」という意識ができた。
・教師は生徒指導がやりやすくなった。
・以前は一部の人が暗黙のうちにやっていたが，今はやっていることがよく分かるようになった。
・教師の役割分担が明確になった。
○J教諭
・生徒は，自分たちで作ったルールだから守らなければいけないという意

識がある。
- 朝礼などの集団行動では，生徒がとても静かに話を聞くようになった。
- 教師が始業等の時間を良く守るようになった。
- 生徒に指導しやすく，様々な場面に応用できる。
- 教師の生徒指導がぶれなくなった。
- 教師同士，スタンダードやルールを念頭に話し合える。
- 教師のやるべき事がはっきりとしている。

○ K教諭
- 生徒指導の基準がはっきりして生徒を指導しやすい。
- 基本ルールは学校生活の様々なことに関連づけて生徒指導ができる。
- 自分があやふやになったとき確認できる。
- 教師同士も教師と生徒も馴れ合いにならない。
- みんなで学校を良くしようと，同じ方向に向かっている。
- 教師同士に協力し合える雰囲気ができた。

3. スタッフトレーニングモデル試案の結果と考察

　教師のインタビューから，教師は指導の基準となるルールやスタンダードがあることによって，自信をもって指導できる・安心して指導できるなど述べている。ルールやスタンダードは，全教師が関わって作成したものであり，全員が認めたものである。生徒指導をする際に教師全員が認めたものを拠り所として指導することは，自分だけの判断ではなく学校の教師全員が認めていることに基づいている。その結果，教師は安心感，自信を感じたものと考えられる。また，必ず全員が実行しているということも，自分だけではないという安心感や教師同士の信頼感にもつながっていると考える。生徒もルールの作成に関わっているため，教師から指導された場合に指導を受け入れやすく素直に従う。

　生徒指導体制を創りあげる過程は，よりよい学校創りを全教師で行うこと

である。また，それに則り日々生徒指導することは，全員が同じ目的に向かって協力して努力するということである。そうした教師同士の連帯感が，始業には必ず教室にいるなどの教師の行動に改善にもつながったと考える。スタッフトレーニングの結果，(a) 学年セクトがなくなり，学校規模で組織的に動くようになった。(b) 教師は生徒指導に自信をもって行えるようになった。(c) 生徒指導に関して，教師間のコミュニケーションがしやすくなった。(d) 教師間の信頼感が高まった。(e) 教師が互いに助け合う雰囲気ができた。などの成果があったと言える。

　これは，前に述べた協働体制がつくられたものと考える。生徒指導体制を学校で作り上げる過程は，生徒指導上の効果がある他に教師間に協働体制を作り上げることが可能であると考える。

第5章　生徒指導体制および
スタッフトレーニングモデルの試案

第1節　生徒指導体制の構成要素について

1. モデル試案を構成する要素について

　あらためて生徒指導体制のモデル試案の構成要素を整理する。生徒指導体制モデル試案は，(a) 学校規模での実施，(b) 指導の基準となるルール，(c) 生徒指導のスタンダード化，(d) 認める指導の4つの要素からなる。本研究では，生徒指導の体制にこれら4つの要素を取り入れることが重要であると考えている。(a) は別として，その他の3つの要素は，内容を指定するものではなく，その学校の実態に応じたものがよい。生徒の状況，教師の特性，学校のおかれた環境など，学校がもっているリソースを生かせる内容がよい。

2. (a) 学校規模での実施について

　(a) 学校規模での実施は，このモデル試案に必要不可欠な要素である。学校規模での実施が無ければ，生徒指導のスタンダード化は実施することができない。このモデル試案を実施する上での前提条件となる要素である。しかし同時に，(b) 指導の基準となるルール，(c) 生徒指導のスタンダード，(d) 認める指導，それぞれの内容を検討し創り上げていく過程が，(a) 学校規模での実施をさらに促すことにもなる。学校規模での実施は，教師を動機付け学校をひとつの方向に向かわせるためのものである。学校として決めたこと

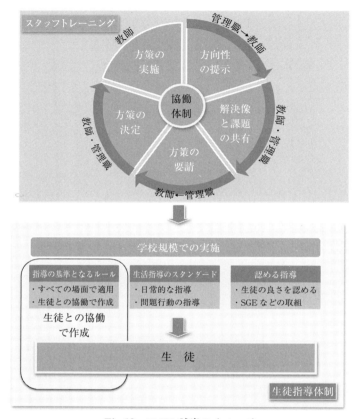

Fig.13 モデル試案のイメージ

を必ず全員が実行するという集団規範を作り上げることである。これは管理職としての重要な役割となる。

3. (b) 指導の基準となるルールについて

 (b) 指導の基準となるルールは，生徒に期待する行動を表すものである。めざす生徒像，めざす学校像を具現化するために必要なルールである。別の

言い方をすれば，指導の目標である。生徒の視点からすれば，行動のめあてとも言える。内容は，自校の生徒の実態，学校の環境に応じて定めればよい。こうでなければならないというものはない。また，ルールの内容を，包括的な目標のレベルにとどめるか，さらに目標に準拠した生徒の具体的な行動レベルのものにするかは，学校の実態に応じて定めるのがよい。本研究の結果から実践への示唆という点で述べれば，F中学校のように対教師暴力があるような場合，具体的な行動レベルのルールを用いた方が効果的であると考える。また，次節でも述べるが，ルール作成の際は，教師，生徒それぞれの自我関与ができるように作成の過程を工夫することが重要である。

4．(c) 生徒指導のスタンダード化

今まで何度も述べてきたように，荒れた学校では生徒指導がダブルスタンダード化している可能性が大きい。よく見られる現象としては，学年セクトと呼ばれることである。学年ごとに生徒指導の方法や基準が異なっているのである。また，校外学習のやり方や内容まで学年によって異なり，学校としての一貫性が無いこともある。ひどい場合は，学級ごとに指導の方法や基準が異なることもある。これは生徒指導のダブルスタンダードである。ある学級では許されることが，他の学級では許されないということが生じる。生徒にとっては理不尽なことである。生徒指導のスタンダード化とは，生徒指導の方法やその基準などを学校として統一し，どの教師が指導しても同様に指導できるようにするためのものである。これは，学年や学級の特色，あるいは教師の独自性，創意工夫を否定するものではない。生徒指導のスタンダード化を行う場合，日常的な生徒指導と問題行動の生徒指導に分けられる。日常生活の生徒指導は，授業，学級活動，休み時間，給食，部活動など，日常の学校生活の中で，何をどのように指導していくかを学校として一貫性を持たせるためのものである。例えば，チャイムと同時に授業を開始し，終了させるなども一つの例である。当然このために教師はチャイムが鳴る前に教室

にいなければならない。また，もう一つ重要な点は，問題行動の指導である。生徒が問題行動を起こした際，問題行動の種類や程度により，どのようなタイミングで，誰が，どのように，どの程度指導するのかを定めておくのである。学校としての指導の一貫性を保ち，生徒や保護者に不公平感を抱かせること無く指導するためには必要なことである。このように，各学校で必要と考えられる生徒指導について教師間で議論し一つのスタンダードを作り上げていくのである。この際，忘れてはならないのは，認める指導との関連である。認める指導に関してもスタンダード化しておくことが重要である。スタンダードの内容は，定期的に振り返り改定していくものである。スタンダードは，全員の教師が必ず実行するというところに意味がある。最初から実行不可能な内容を決めてしまうと，途中で中断して失敗に終わる恐れがある。はじめは，全員が必ず実行できる内容からはじめ，学校の秩序改善の状況によりステップアップしていくようにすることがよい。

5. (d) 認める指導について

認める指導は，生徒の望ましい行動を認めていく点と生徒の存在を認めていくという点がある。前者は，日常の学校生活のあらゆる場面で実施されるものである。その基準となるのは，(b) 指導の基準となるルールである。基準となるルールにあった行動をしている生徒を積極的に認めていくのである。本研究の教育実践から考えると，秩序の乱れが大きい場合は，指導の基準となるルールを具体的な行動レベルとし，それを認めて強化する教師の行動もトークンを用いたものが有効であると考える（Fig.14）。トークンを用いた方法は，教師が生徒の行動を認めているということが生徒に伝わりやすいという利点がある。ただし，他の行動に般化しない可能性があるので，秩序レベルが変化したら，ルールや認める方法も変更していくことがよいと考える。

後者の生徒の存在を認める指導は，どのような題材・手法を用いたものでもよい。その学校の教師が得意とすることや学校の特色を生かしたことを用

いるのが良い。認める指導の内容に，教師の提案した方策を用いれば，方策の決定に教師が自我関与したことであり，その後の実施が円滑に進むようになる。しかし，教師の中に適切な方策がなく，教師からの提案が出ない場合は管理職が用意した方策を提案する機会である。構成的グループエンカウンターなどの特別な手法を用いようとする際，教師の中に経験者がいなければ外部から講師を招いて研修会を行い教師のスキルアップをする機会でもある。

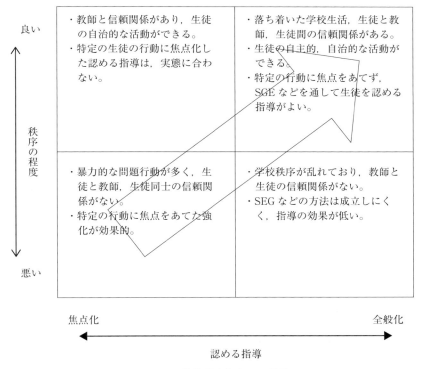

Fig.14　学校秩序と認める指導

第2節　生徒指導体制の導入手順

1. 導入手順のイメージ

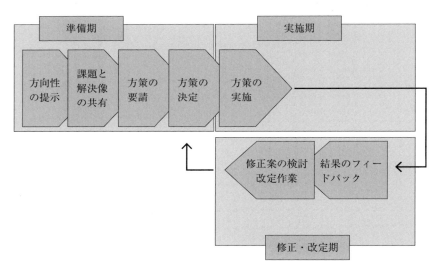

Fig.15　モデル試案導入のイメージ

　導入の手順は，(1)方向性の提示，(2)課題と解決像の共有，(3)方策の要請，(4)方策の決定，(5)方策の実施であるが，これを図で表したものがFig.15である。生徒指導体制モデル試案の導入を開始したら，(1)から(5)までは一気に実施する部分である。実施を開始したら，問題行動の状況を把握しながら一定期間で教師にフィードバックする。学校の事情を考えれば，学期ごとに行うのがよいだろう。問題行動数がどの程度減少したか，問題行動の質にどのような変化があったかを調査し，教師にフィードバックしていく。実施の状況をみて，スタンダードを実施する上で不具合があれば修正を行う。基準と

なるルールは，少なくとも年度の間は変更しない方がよい。年度の終わりが近づいたら，それまでの成果を確認し，次年度の準備を行う。スタンダードの内容や基準なるルールはそのままでよいのか，秩序の回復にあわせて内容を改定していく。この作業は，生徒指導の体制を継続して維持していくためにも必要なことである。

2. モデル試案導入に必要な期間と時期について

　生徒指導体制モデル試案を導入する時期はいつがよいのであろうか。G中学校では新年度を迎えた時期に導入している。新年度に導入することは，いくつかの点でメリットがある。(a) 年度の変わり目で生徒は気持ちを切り替えられる機会である，(b) 新入生は，入学の当初から新しい体制で指導することができる。(c) 転入した教師も同じようにスタートすることができる。などの利点がある。新年度にスタートするためには，少なくとも，2学期後半からの準備が必要である。3学期は，期間が短く最上学年は進路決定の時期でもあるため，担当学年教師は多忙になる。しかし，次年度の教育課程を決定する時期でもあるため，新たな体制を築き上げていくのに良い機会である。また，教師側の準備だけではなく，基準となるルールを作成するために生徒を活動させる必要がある。多くの学校では，2学期の後半に文化祭がありそれを機会に生徒会が代替わりしている。文化祭が終了し生徒会の代が替わった時期をきっかけに生徒にも落ち着いた学校づくりの取組みとして，ルールづくりに関与させていくのがよい。

　しかし，学校の秩序の状況によっては，新年度を待っていられないこともある。そのような場合は，夏季休業期間を活用することがよい。夏季休業の前から準備を始め，夏季休業期間に，課題の把握や解決像の共有，方策の決定のステップまで進めることができれば，2学期から取組みを開始することが可能である。

3. 方向性の提示

　方向性の提示は，学校秩序回復に向けて管理職として方針を示すことである。荒れた状態が続いた学校では，教師はもちろんのこと一般生徒や保護者も希望を失った状態にある。そうした状況を打開するための方針を教師全員に示すことである。管理職と教師が協力して，秩序を回復するために生徒指導の体制を再構築するという明確な方針を示すことが第一歩になる。学校経営方針や経営計画に位置づけ，最優先課題として取り組むことを宣言する。ここは，教師の動機付けの第一歩となる。学校が変わる可能性に対する期待を教師にもたせることが必要である。管理職の明確な方針提示が無いままで学校規模での取組みを行うことはできない。職員会議などの場ではっきりと学校規模で秩序回復に取り組むことを伝え，そのための教師の協力を仰ぐのである。こうした手順を踏む際には，組織を尊重することが大切である。事前に幹部の教師に伝え意見を聞いておくことも大切な手続きである。組織を尊重するとは，その職務上の立場に応じて知らされるべき情報を伝え，意見を求めることである。管理職が，教師の組織上の立場を尊重して報告・連絡・相談を行う態度は，学校規模での取り組みを実施する上で重要である。こうした管理職の態度は，学年セクトを打ち壊し，学校規模での取組みを行う上で有効に働くと考える。

4. 課題の把握と解決像の共有

　「自校の課題は何であるのか？」という問いかけを教師全体におこない，議論し合うことである。ここでは，前に述べたように，教師をグループに分け意見を出し合うのがよい。グループ分けは，特定の学年や教科が偏らぬようにしグループのまとめ役は，事前に何人かの教師に打診してどのような話し合いを行うか準備しておく。まとめ役は，あえて若手の教師を起用するのも有効な手だてである。若手の教師は，日常の指導体制に不満を感じている

こともある。若手の教師を起用することで，今までとは異なるという期待感を抱かせることができる。次に，グループごとに出てきた課題を整理することで学校全体の課題が何であるかを共有する。はじめは，生徒の問題行動に意見が集中することが考えられるが，視点を変えて指導方法や指導体制にも目を向けられるよう方向付けをすることも忘れてはならない。この会議は1回では終わらない可能性がある。時間がかかる可能性があるが，中途半端で終わらないことが大切である。教師全員が課題を共通に認識することにより，次の解決像がつくられてくるからである。課題と解決像は裏返しのものでもある。

課題が全体で共有できたら，次は解決像の共有である。解決像は，できていないことの裏返しであるから，課題把握よりも短時間で行える。学校がどのようになればよいのか，生徒がどのような振る舞いができるようになればよいのかということである。解決像は，教師としての教育の理想である。はじめから無理だと考えず，どんな生徒像を目指すのか，どんな学校を創り上げるのかを管理職も含め教師全員で語り合う場面である。そうした話し合いの雰囲気をつくるのは，管理職の必ず秩序を回復するという強い態度である。解決像は，親和図法などを用いてカテゴライズしておくと，次の解決のための方策を創り上げる際に役に立つ。解決像は理想であるから高いものがよいが，理想像を達成するための方策は具体的な取組みであるから，スモールステップで考え最初は全員が必ず実行できるようなものがよい。

5. 方策の要請

管理職が解決像を達成するための方策を一方的に示すのではなく，教師に要請するのである。方策の内容には，生徒指導のスタンダード化，指導の基準となるルール作り，認める指導の3つの要素がある。第一に，確認された課題を解決するため，日常の指導方法や指導体制を見直し，何を・どのように・どの程度指導するかを教師主導で検討していく。これは，生徒指導のス

タンダード化を行う作業である。スタンダードは，学校によって異なるものである。その学校の実態に合わせたものがよい。しかし，大切なポイントは必ず全教師が実行できる具体的な行動である必要がある。だからといって，安易なことを選んではならない。多少の気力や労力が必要であっても，必ず全員が実行できるものである。簡単に言えば少しがんばればできるレベルである。スタンダードは，全教師が同じように指導するところに意義がある。実行ができないものでは，意味が無いのである。例えば，「必ずチャイムが鳴るときには，教師が教室にいる。」などのように，必ず実行できるレベルから始めることが大切である。教師の行動が変われば，生徒の行動にも変化が出てくる。全教師が実行し，効果が現れてきたら次のステップにレベルアップすれば良い。

　スタンダードを検討する過程で，教師全員が一同に会して議論することができれば，それに超したことはない。学校の実情を考えればそうした会議を何度ももつことは困難である。その場合は，生活指導部などの組織を活用したり，プロジェクトチームを編成したりするなどして実施する。ただし，いずれの場合も検討した提案については，教師全員に確認し提案に対する意見を求める機会をつくっておくことは必要な手続きである。次に，生徒指導のスタンダード化を行うのとほぼ同時に指導の基準となるルール作りも行う。ルールは，生徒に期待する行動・生徒に身につけさせたい行動である。めざす生徒像で表される生徒が行うと考えられる行動を表したものである。反対に考えれば，現在の生徒ができていない行動とも言える。このルールは学校生活すべての場面で適用する指導の基準となる。教師はこのルールにしたがって生徒指導を行うことになる。ルールの内容は，後にも述べるが，暴力行為や器物破損が多く教師の指導がなかなか入りにくい場合は，生徒に期待される行動を包括するような目標（例えば，尊敬する・大切にする・素直に振る舞う）だけでなく，それぞれの目標に対して，場面や場所によって具体的にどのような行動を表すのかという行動レベルの目標にする。

ルール作りには，生徒の意見も反映させる。教師のルール作成がある程度進んだ段階で，生徒にもルール作りに関与させる。生徒会役員生徒などを集め，教師が秩序回復のために様々な取組みを始めようとしていることを伝え，生徒の協力も仰ぐのである。つまり，管理職と教師の間で行ったことを，今度は教師と生徒の間で行うのである。教師が行ったように，「学校で困っていることは何か，どのようなことがなくなれば良いのか」などを生徒に話し合わせ生徒の意見を引き出す。つぎに，「どのような学校にしたいのか」を話し合わせる。最後に，そのために必要なルールは何かを考えさせるのである。ルールを作成する過程で，教師が作成しているルールを提示し，生徒の意見を取り入れて決定していく。生徒の自我関与とコミットメントである。最終的にルールを適用する際には，事前に生徒会組織を活用し，生徒総会に本部から提案し生徒総会での承認手続きがとれるとさらによい。F中学校の事例では，生徒数が少なかったため全員にアンケートをとって生徒の意見を集約し，ルールに反映させた。生徒の意見を取り入れることは，生徒を尊重し生徒の存在を教師が認めるということでもある。また，生徒がルール作りに参加するということは，参加した生徒も学校をより良くしようとする態度を示すことにもなる。

　そして，最後に認める指導の内容である。学校の実態に合わせて，認める指導の内容を検討していく。認める指導もその学校の秩序状態によって検討する (Fig.14)。ルール作成と同様に，秩序状態が悪い場合は生徒の行動を直接トークンによって認めていくものにする。問題行動は多いが，教師の指導がまだ行える状態であるなら，トークンは用いずとも言葉などの社会的強化子によって積極的に生徒を認めていく指導を行う。またそれと同時に，学校の特色や教師の得意分野を生かし，生徒を活躍させる場を演出し積極的に生徒の行動を認めていく活動について検討する。

6. 方策の決定

　最終的な方策の決定には，全体の場での確認が必要である。自分が関与しない場で決定されたことは実行しにくいものである。このモデル試案は，共通の目標に向かって全教師が協力して努力していく体制をつくりあげるためのものである。したがって，方策の決定に，何らかの形で教師が関与することが必要である。

7. 方策の実施

　方策が実施され始めれば，スタンダードや認める指導などが決められた通りに実施できているかを確認していく。特に問題行動の指導に関しては，朝の打ち合わせや生活指導部会などを利用して，いつ・誰が・どのような問題行動を起こし，それに対して学年や学級でどのような指導を行ったかを全教師で共有することが大切である。朝の打ち合わせの場合は時間がないので，第一報だけでもよいから必ず報告を行い，後日詳しく報告を行う。これは，学校全体でどの程度問題行動が起きているかを全教師が把握することであり，スタンダードが実行されていることの確認である。すぐに問題行動が減少せずとも，秩序回復のための努力が確実にされているという実感を得るためにも大切なことである。

　管理職は，取組みの状況や生徒の変容などを見逃さず，取組みの成果を定期的に教師にフィードバックしたり，教師の努力している姿を認めたり，強化することも忘れてはならない。

8. 修正期と改定期

　修正期とは，実施しながらスタンダードの内容に無理や不具合がないかを確認し修正する時期のことである。学校の事情を考慮すれば，おおむね学期末が適切である。学期途中でスタンダードの内容を変えることは，かえって

指導の一貫性を失うこととなる。スタンダードの内容をかえるということは，生徒に行う指導の方法や内容を変えることであるから，生徒に対して何の説明もなく変更することは学校としての指導の一貫性を失うことになる。スタンダードに不具合があり，変更する必要があれば生徒に対しても理由を明らかにして指導内容や方法を変更することがよい。

　改定期は，次年度に向けての変更の時期である。指導の基準となるルールや生徒指導のスタンダードを見直し，不具合や次の指導レベルに内容をステップアップするための作業である。ルールの改定には，生徒会も同様に関わる。この改定作業は，生徒指導体制を毎年更新することによって，内容を実態に即したものにする，この取組み自体の意義を失わせないようにするための仕組みである。数年置きに，学校の課題把握と解決像の共有のステップまで戻り，そのとき在籍している教師全員でよりよい学校を創っていくという想いを共有することも有効である。

第3節　構成要素の決定

1. 指導の基準となるルールの作成

　指導の基準となるルールは，指導の目標であり目指す生徒像を表すものである。生徒に期待する行動を表すような目標である。目標の内容は，各学校が生徒の実態に応じて定めるものである。目標の数はおおむね5つ程度でよい。教師も生徒も完全に覚えていられる程度の数でわかりやすいものがよい。また，目標は具体的な行動として定めても良いし，いくつかの行動を包括できるようなものでもよい。例えば，「大切にする」というルールは，具体的ではない。どのような行動をすれば「大切にした」ことになるのかがわからない。また，場面や場所によって行動が異なる。しかし，「大切にする」をルールのひとつとした場合は，場面（授業中・休み時間など），場所（教室・廊

下・校庭など),対象(自分・友だち・先生など)ごとに具体的な行動を定めていく方法もある。自校には,具体的な行動レベルの目標が必要であると考えれば,5つ程度の目標に対し,場面・場所・対象などとのマトリクスを作成し,そのマトリクスの中に具体的な行動を作成していくと良い。

Table 21 基準となるルールの作成例

場面や場所,対象を入れる

		授業中	教室で	給食中	自分	友だち
生徒に期待する行動目標	大切にする					
	素直になる		各マトリクスの中に具体的な行動を入れる。			
	尊敬する					
	・					

　学校の実態によって,マトリクスはつくらず目標のみであってもよい。目標は,具体的なものであってもよいし,いくつかの行動を包括するようなものでもよい。ただし,いくつかの行動を包括する様な抽象的な目標を定めた場合は,それらが具体的にどのような行動を意味するのかを,道徳や学級活動の時間を利用して生徒に考えさせルールに対する理解を深める必要がある。

　ルール作成にあたって,生徒の意見を取り入れる方法として,Table 21の左端の目標と,上端の場面や場所などだけが記入されているからの表を用意し,具体的な行動の部分を生徒に考えさせて記入させるのもよい。また,目標にあたる部分を作成する際は,教師の作業の際も生徒の作業の際もほぼ同じ手順で進められる。今の学校の課題は何か,どのような学校になれば良いのか,目指す学校にするためにはどのようなルールが必要かという手順にしたがって目標の部分を作成していく。

ルールは，学校生活のすべての場面で活用するものであるから，全生徒がルールについて理解している必要がある。生徒総会で本部から提案し，生徒総会の承認を得るという方法もある。また，全校集会の場でよりよい学校を創るための取組みとして生徒に説明する方法もある。どのような方法でもよいが，教師側から一方的に与えるのではなく，教師と生徒が協力してよりよい学校にするために行うという位置づけが良い。

指導の基準となるルールには，その学校独自の名を付けると良い。F中学校では「5つの大切」，G中学校では「5つの基本ルール」などと命名していたが，その学校にあった名前をつけておく。作成されたルールは，生徒だけでなく保護者や地域にも知らせておく。これは，学校の生徒指導に対する姿勢を示すことになる。ルールは各教室，廊下など校内のできるだけ多くの場所に掲示する。学校だよりや学年，学級だよりを作成しているのであれば，そのタイトル欄には常に小さく入れておいたり，生徒手帳などにも入れたりする。常に生徒も教師もそのルールを目にし，意識することができるようにしておく。教師は，何かを指導する際には，必ずそのルールを引用してそのルールを基準として指導し，生徒に考えさせる。さらに，ルールに対する生徒の理解を促すため，後に示すように道徳の授業として位置づけることも必要である。

2．生徒指導スタンダードの作成

(1)日常の指導

生徒指導スタンダードは，(a) 生徒指導の基本姿勢，(b) 日常生活の指導，(c) 問題行動の指導の3つの要素からなっている。(a) 生徒指導の基本姿勢は，どのような姿勢で生徒指導に望むのかである。F，G中学校では，基本的に生徒の存在や望ましい行動を認める姿勢で指導するということが基本姿勢であった。ここも学校によって，どのような姿勢で生徒指導に臨むと良いのか多少異なる。毅然とした態度で指導に望むことが必要な場合もある。し

かし，基本は生徒の望ましい行動を増加させることである。(b) 日常生活の指導は，毎日繰り返される，朝や帰りの学活，授業中の遅刻や忘れ物の扱い，給食指導時の教師の動きなど，日常的な生徒指導の申し合せである。学校の秩序状態を考慮し，どの場面の何の指導を揃えた方が良いのかなどを議論して決めていく。(b) については，あまり細かすぎるのもよくない。細かく定めすぎて徹底できなければスタンダードの意味がなくなる。ポイントは，必ず全員ができるということと，全員で揃えた方が生徒指導に効果的なことである。Fig.16 は，G 中学校の一部の例である。日常生活のスタンダードを見開きで分かるようにまとめ教師に配布している。

(2)問題行動の指導

(c) 問題行動の指導は，生徒が問題行動を起こした際，誰が・いつ・どのように・どの程度指導するのかを定めるものである。本研究では，問題行動の程度 A（軽度），B（中度），C（重度）の分類をそのまま用い，ABC のそれぞれに対してどのように指導するかを定めた（Fig 18）。暴力行為を起こした生徒は，授業中であってもその指導を最優先にするなど，その学校で必要と考えられる指導の仕方を議論して定める（Fig 17, 18）。また，問題行動が発生した際の情報の流れについても確認しておくことである。前にも述べたように特に重度の問題行動の情報は，全教師で共有しておかなければならない。管理職・生活指導主任・学年内の教師全員への報告は最優先である。学校全体への報告は，遅くとも問題行動が発生した翌朝の打ち合わせで全体に知らせるべきである。(a)，(b)，(c) いずれも生徒に，先生はより良い学校にするために，このように指導するということを説明しておくことがよい。特に (c) 問題行動の指導については，保護者に対し，問題行動はこのような指導をするということ説明し，協力を求めることは必要である。

　問題行動の指導にあたっては，これも生徒を認める機会として活用することができる。問題行動の指導をする際に，自分の行動の何が適切でなかった

第5章　生徒指導体制およびスタッフトレーニングモデルの試案　　103

一目でわかるといいな　G中学校　スタンダード

<u>朝：打ち合わせが終わったら，できるだけ早く教室へGO！</u>

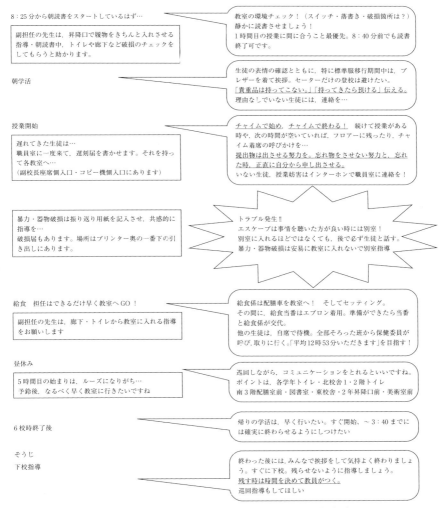

Fig.16　G中学校生徒指導スタンダード　日常生活

G中　スタンダード　概要版

目指す学校像　安全・安心・安定した学校（生徒会役員の意見より）
　○暴力などがない安全な学校
　○物がなくなったり，盗まれたりすることがない学校
　○いじめや嫌がらせがない安心できる学校
　○落ち着いた環境で授業や学校生活ができる安定した学校

学校像を具現化するための重点目標（教育課程届）
　(1)　互いに認め合う心の育成
　(2)　生活指導体制の再編成と充実
　(3)　学び方を身につけ，確かな学力を育成する

G中スタンダードのねらい
　(1)　何を，どのように，誰が，どの程度指導するのかを明確にし，共通実践する。
　(2)　問題行動の共通理解（情報の共有），何を共有するのかを明確にする。

────　G中スタンダード　概要　────

　(1)　基本的に生徒のできているところを認める・ほめる指導 を行う。
　(2)　問題行動の指導の際も，その生徒を認める機会と捉える。
　(3)　三つの要素から構成。（基本ルール・日常の指導・問題行動の指導）

　★基本ルール：全ての場面で適用されるルール（授業・行事・部活など）

　　○大切にする。
　　○素直に振舞う。
　　○話し合って解決する。
　　○時間を守る。
　　○自分をコントロールする。　　　3/23　生徒会役員との話し合いで作成

　★日常の指導（別紙）…一日の流れに沿って

　★問題行動の指導（別紙）
　　程度による問題行動のとらえ方

　　A：軽度のもの…自分の責任の範囲，人に影響があまりない
　　　　　　　　　　ルーズな着こなし・軽度の私語，居眠り・不要物の持ち込み　など
　　B：中度のもの…人に影響を与えるが比較的軽度のもの
　　　　　　　　　　授業中の私語・立ち歩きなどによる授業妨害・服装違反・頭髪違反
　　　　　　　　　　（落ち着いた雰囲気を壊す）など
　　C：重度のもの…人に著しく影響をあたえる
　　　　　　　　　　暴力・嫌がらせ・ものをとる・公共物をこわすなど
　　D：不明な事　…物品の破損・生徒の私物や金銭の紛失

　　問題行動の程度により，指導の時期・内容（程度）・指導者を明確にする。

Fig.17　G中学校生徒指導スタンダード　概要版

指導の考え方（ガイドライン）

※生徒のできていることを，認める・ほめることを基本とする。
　問題行動を行った際も，自分の誤りを言えたり，これからの行動について適切な事が言えた場合は，それも認める機会と捉える。
※保護者は，教師と協力して生徒を指導する立場と考え，来校してもらう際は，協力してもらうという姿勢で接する。

【Aについての指導】

いつ	発見したとき	・不要物は，預かり放課後，指導して
どこで	その場で	から返却する。
誰が	発見した者が	・Aでも，繰り返される場合は，Bの
どのように	口頭で注意する	指導に準ずる。

※生徒との関係が薄く，その場で即正せない場合でも，ルール違反であることを伝え，その後，担任または学年の教員に知らせる。

【Bについての指導】生徒指導部会で必ず報告する。

いつ	その時と時間を置いて	・その場での注意と，時間を置いて呼
どこで	その場と別室で	び出しての指導と2回行う。
誰が	発見者・担任・学年・生主・統轄	
どのように	説諭および反省シート	

※程度の大きい服装違反（異装）や頭髪違反（金髪）などは，学校生活の雰囲気を乱すものとして捉え，他者への影響があると判断する。
※服装や頭髪は，直せるものはできるだけ早く，頭髪など時間のかかるものは期限を区切って直させる。家庭に連絡して理解を求める。
　携帯電話など電子機器は，保護者に返却する。

【Cについての指導】時間を置かず，生活指導主任・管理職に必ず報告する。

いつ	発生した際に授業から抜いて	・特に暴力的な行為や意図的な公共物
どこで	別室で	の破損は，授業に出さずに指導する。
誰が	発見者・学年・生主・統轄・管理	家庭にも連絡をとり，家で説諭して
どのように	説諭および反省シート・保護者	もらう。

※暴力や破壊の行為は，それ以後授業には出さずに指導する。教科の学習以前に必要な学習の機会と捉える。事実の把握・確認・指導の後，家庭に連絡をとり下校させ，家庭でも説諭してもらう。
※このような対応について，家庭に説明し理解・協力してもらう。
※必要に応じて，被害者宅への謝罪などについて，加害者家庭に助言する。
※首より上の怪我は必ず病院へ搬送。区教委へ報告する（副校長）。

【Dについての指導】破損したがやった者が分からない。靴がとられた。など

いつ	報告を受けたときと時間を置いて	・破損はできるだけ早急に修理
どこで	各学級・集会	・紛失したものは多くの者で探す
誰が	学年・生主・統轄	・各学級や集会で呼びかけ，生徒にア
どのように	呼びかけ・アンケート等	ンケートを書かせる。

※紛失した場合（生徒の私物・金銭）は，必ず家庭に連絡を行い，経緯とどのような指導を行ったかを説明し理解を求める。
※学校内で（登下校時も含む）起きた事故・事件・物品の紛失等は全て学校管理下の事であるから，学校に管理責任がある。家庭に謝罪と説明をし，理解と協力を求める。

【報告について】適切に指導し，保護者や生徒に不審を抱かせないため
　B以上については，必ず生活指導部会で報告する。
　Cについては，時間を置かずに生活指導主任，統轄主任，管理職のいずれかに報告する。生活指導主任・統轄主任・管理職・当該学年で情報の差が無いように早急に周知する。また，翌日の朝の打ち合わせで必ず報告する。

Fig.18　G中学校　問題行動の指導ガイドライン

のか，学校のルールは何か，どのように行動すればよかったのか，今後はどのように行動するかなどの項目で自分の考えを言うことができれば，それは生徒を認める機会である。問題行動の指導も生徒を認める機会として活用する。

(3) ふりかえり用紙の活用

　問題行動の指導を行う場合，口頭による指導を行う場合が多い。時には，反省文を書かせることもある。問題行動の指導方法にも学校としての一貫性をもたせるために，ふりかえり用紙を活用する。ふりかえり用紙を使用して指導することにより，生徒に自分の行動を反省させる際に，どの教師が指導しても同様の視点で指導することができる。また，生徒の指導後にふりかえり用紙を学年内，生活指導部会などで回覧することで，指導の結果も共有できる。Appendix 2 で G 中学校のふりかえり用紙を示したが，ふりかえり用紙の各項目はその学校で検討して作成する。

3. 認める指導

(1) トークンを用いた指導法

　生徒の行動を認める方法として，トークンを用いた方法がある。トークンというと聞き慣れないかもしれないが，実は教育の世界では昔から用いられている。生徒が提出したノートに花丸の判を押したりシールを貼ったりすることは，トークンである。Susan et al. (1997) の研究では，食べ物や何かをする権利と交換可能なチケットを使用している。教師は，決められたチケット枚数のノルマがあり，毎日必ずノルマの枚数だけチケットを生徒に渡すことになっている。チケットには有効期限があり，期限が切れたチケットは交換することができなくなる。この方法の良いところは，教師にノルマがあるため，生徒の望ましい行動を積極的に探そうという姿勢ができるところである。また，基準となるルールに従って，チケットを渡すという行動は，どの

生徒の目から見ても明らかである。不公平感を持たせにくくなっている。しかし，日本の学校でこの方法をこのまま用いることには教師や保護者の抵抗感がある。トークンを用いる場合には，その学校にあった方法にアレンジすることが必要である。

　本研究のF中学校では，生徒が期待される行動を行った場合，トークンを用いずにほめるという社会的強化子を用いていたが，別の指導場面ではトークンを活用していた。教師が生徒に何らかの仕事を頼みたいとき，掲示板に生徒の求人広告を出す。応募してきた生徒に，教師は仕事（例えば，掲示の仕事やプリントのとじ作業）を手伝ってもらう。最後に，教師は生徒が持っている名刺大の「ボランティアカード」に教師のスタンプを押すのである。カードは，6回分のスタンプが押せるようになっており，スタンプが6個たまると，全校朝礼で小さな賞状を渡して表彰する。学期で一番スタンプの数が多かった生徒は，終業式で表彰しその生徒の写真入りの大きな賞状を作成して校内に飾った。これも生徒の行動を認める指導であり，トークンを用いた例である。この取組みの良さは，教師が自分でやればできるようなことでもあえて生徒に協力を依頼し，生徒との交流の機会をつくり最後には生徒に「ありがとう」という感謝を伝えることができることである。これはトークンを利用した一例である。各学校の特色を生かした認める指導を検討してほしい。

(2) 教育相談週間の活用

　生徒の存在を認める指導として，教育相談週間も有効である。F中学校，G中学校のいずれも，「ハートフルウィーク」という教育相談週間を実施している。通常の教育相談は，各学級で担任との面談をするなど面談する相手の教師が定められている。「ハートフルウィーク」では，生徒が話をしてみたい教師と話をするのである。生徒が話したい教師を選ぶのである。選択する範囲は，学年にとどまらず，他学年，養護教諭，スクールカウンセラー，

管理職などから自由に選べるようにする。協力を得られるのであれば，教師だけではなく用務主事や給食主事，事務主事を入れてもよい。選び方は，「話をしてみたい先生を3人まで書いてください。」のように，順位をつけずに選択させる。第一希望，第二希望のようにすると，教師に順位がつくため好ましくない。生徒の希望は，担当者が調整し一部の教師に偏らないようにする。

Table 22　ハートフルウィーク　アンケート調査

1	楽しく参加できましたか
2	話したい事が話せましたか
3	落ち着いて話すことができましたか
4	先生の新たな発見はありましたか
5	またやってみたいですか

面接では，教師は主に聞き手になり生徒の話をよく聞くことを中心にする。生徒の良さやそれまで知らなかった部分を引き出すようにする。教師も積極的に自己開示し，互いに良く知り合い，教師が生徒の良さを認める機会とする。生徒から悩みの相談などがあれば，また別に機会をつくり改めて面接する。G中学校で実施後，生徒にアンケート調査を行った（Table 22）。各質問に対して，5とても思う　4やや思う　3普通　2あまり思わない　1思わない　の5件法で調査した。

その結果（Table 23），ほぼ7～8割程度の生徒が，楽しかった・またやり

Table 23　ハートフルウィーク　アンケート結果

	質問1	質問2	質問3	質問4	質問5
とても思う	71.17%	52.70%	52.94%	31.36%	48.65%
やや思う	25.68%	32.43%	32.13%	33.18%	22.97%
普通	3.15%	12.61%	13.12%	25.45%	21.17%
あまり思わない	0.00%	1.35%	1.81%	7.27%	4.05%
思わない	0.00%	0.90%	0.00%	2.73%	3.15%

たいなどの感想をもっていた。

⑶ **構成的グループエンカウンターの年間計画例**

　認める指導として，構成的グループエンカウンターも有効である。一年間の学校生活の中で，その時期ごとの指導のねらいがある。例えば，4月新しい学級で互いをよく知り合う，5月互いのよさを生かして運動会にのぞむなどである。1年間のそれぞれの時期ごとの生徒指導のねらいや学校行事のねらいを確認し，それらと関連づけたエクササイズを選んでいくとよい。例えば，（Table 24）は構成的グループエンカウンターの年間計画例である。構成的グループエンカウンターについては，多数エクササイズを紹介した文献があるので（國分，1996），それらをもとに計画を立てるとよい。

　教育相談週間や構成的グループエンカウンターなどを学校規模で実施することは，スタッフトレーニングの機会でもある。スタッフトレーニングのうちの知識やスキルの部分にあたる。必要に応じて講師を外部から招聘し，教師の知識やスキルを向上させる機会として活用できる。

第4節　教育課程上の位置づけ

1．自校の教育課程にどの様に位置づけるか

　生徒指導体制モデル試案を導入する際，それぞれの取組みを教育課程上のどこに位置づけるかということがある。例えば，指導の基準となるルールづくりの例として，生徒会役員を活用する方法を前に示したが生徒会役員のような一部の生徒だけではなく，全生徒を関わらせる方法もある。学級活動として全学級でルール作りに取り組むのである。各学級の意見を集約し学年でまとめ最後には学校全体のルールにしていく。このような取組みを行う場合は，ルールの作成自体を学級活動に位置づけることもできる。また，ルール

Table 24 構成的グループエンカウンターの年間指導計画例

月	エクササイズ	ねらい
4月	リレーション作り X先生を知るイエス・ノークイズ他	教師と生徒，生徒同士が互いに知り合う。
5月	君はどこかでヒーロー	運動会が終わった後，貢献した生徒が，他の生徒からのフィードバックで自己有用感を得る。
6月	砂漠でSOS	自分の考えを説得的に友達に伝える。多様な考えがあることを知り，お互いを認め合う人間関係をつくる。
7月	ありがとうカード	友達の小さな親切に気づき，感謝の気持ちをもつ。また，自分の行動が受け入れられていることを知り，肯定的な自己概念をもつ。
9月	私の四面鏡	級友という鏡に写し出された自己像を見ることで，自分を肯定的に見られるようにする。
10月	いいとこさがし	友達のよさを見つける受容的な学級づくり。友達が見つけた自分のよさを知り，受け入れられることを喜び，味わう。
11月	6つの未来像	将来どのように生きたいのか見すえながら，人生プランを考えるきっかけづくりになる。
12月	ありがとうカード	友達の小さな親切に気づき，感謝の気持ちをもつ。また，自分の行動が受け入れられていることを知り，肯定的な自己概念をもつ。
1月	私が学校に行く理由	ブレーンストーミングを通して，仲間の考えを真剣に聞こうとする受容的な態度を養う。自分と仲間の価値観の違いを知る。
2月	無くて七癖	一年間学級で培ってきた人間関係を土台に，お互いのいい点，改善点を述べ合いながら，いっそうの自己啓発へ導く。
3月	別れの花束	卒業や進級に向けて，クラスメートとお互いのメッセージ交換をして，自他の成長を確認し，新しい門出に向けての決意を固める。

への理解を深めるために，道徳の授業に位置づけることも可能である。規範意識を育てるための題材として，学校で作成したルールを取り上げればよい。

認める指導の教育相談週間は，総合的な学習の時間に位置づけることが可

能である。総合的な学習の時間のテーマを「人との関わり」や「生き方」などとして教育相談週間を位置づけるのである。構成的グループエンカウンターは，その内容により，道徳の時間・進路・学級活動・総合的な学習の時間などに位置づけることができる。構成的グループエンカウンターすべてのエクササイズを同じ位置づけとする必要はない。大切なことは，それぞれの取組みは何をねらいとして行っているかを明確にすることと，実施のための時間を確保するということである。教育相談などは，放課後の時間帯に実施されることがある。授業が終了した後，部活動の合間を縫って実施するのでは，効果的に実施できない。また，教師の多忙感が増すだけである。教育課程上に位置づけることにより，実施のための時間を確保することは，管理職の役割の一つである。

2. ルールの定着に向けた道徳授業について

ルールの定着に向けてG中学校ではルールの項目数だけ道徳の授業を用いて授業を行った。まず，自分の考えを確認させ，班の中で意見を出し合い班としての意見をまとめ，最後に各班の意見をまとめて学級としての意見をまとめた。自分たちの実際の生活場面でルールの意味を考えさせる。各学校で計画する際は，その学校ルールにあわせて計画する。それぞれの授業は，生徒指導体制の導入開始からあまり時間を置かずに実施する。以下に道徳授業で使用したワークシートの3例を章末に示す。

第5節 システムの維持（メンテナンス）

1. システム維持の必要性

学校の秩序が回復しても，教師が異動したり年数が経過したりすることでその取組みが形骸化してしまうのでは意味が無い。従来の秩序回復のための

取組みはそのような傾向があったことは既に述べた通りである。せっかく秩序を回復しても取組みが形骸化したために，数年後にまた秩序が乱れてくるということを避けなければならない。学校の秩序が回復し，生徒にとって安全で安心できる環境を作ることができた後は，さらに特色を生かした生徒が主体的に活動できる学校へとステップアップしていくべきである。本研究では，学校規模での取組みを行うことにより，特定の個人に依存しない秩序回復のためのシステムの一形態を提案した。このシステムを維持し，さらに向上させていくことが必要である。このシステムを導入すること，維持していくことは，学校経営におけるスタッフトレーニングに他ならないと考える。このシステムの導入プロセスや維持プロセスをたどることは，よりよい学校を創り上げるための協働体制を創ることと言える。学校経営目標に向かって，全教師が協力し合いながら目標達成に向かうためのプロセスでもある。そしてこれは管理職の重要な役割であると考える。

2. システム維持のための方策

　システムの維持のための作業は，学期ごとと年度ごとの改定作業でおこなう。学期ごとの作業は実施上の不具合があった場合の修正である。特に不具合が無ければ，実施する必要は無い。モデル試案を導入した当初は，検討時に予想できなかったことも生じ修正が必要な場合もある。特に生徒指導のスタンダードでは，日常生活での指導も含まれているため，修正する場合は理由を明確にした上で生徒に説明を行い，新学期から改めた方法で指導する。

　年度末の改定作業は，いわばバージョンアップのための作業である。年度末に一年間の成果を確認し，秩序が改善してきていれば次の段階に向けて指導の基準となるルールや生徒指導のスタンダードを見直す。この手順は，導入時におこなった，課題把握→解決像→方策の決定と同様の手順を簡略に行う。

　また，数年ごとに学校の状況を再確認し，モデル試案を導入した際と同様

の手順を通して，学校がさらに高い水準を目指すために改定していく。

第6節　モデル試案の発展性

1．モデル試案の限界と発展性

　本研究の生徒指導体制モデル試案は，学校の秩序が改善し生徒が安全に安心して生活できる学校環境が整った後も，このモデル試案の内容を変更していくことでより高いレベルの学校作りができると考える。しかし，そこで問題となるのは職員の動機付けである。学校秩序が乱れているときは，共通の苦しみや悩み，そして解決したい共通の課題がある。学校秩序の回復は，全教師の願いと言っても過言ではない。こうした状況であれば，教師の動機付けや協力は比較的つくりやすい。しかし，学校秩序が回復すると切羽詰まった共通の目標がなくなる。そのとき，さらに高い水準を目指して学校を改善していこうという動機付けを行うことは難しいことがある。モデル試案の体制的には，より高い水準を目指す場合でも同様の手順を行えばよいと考えられるが，教師の動機付けがより難しくなると予想される。これは管理職の重要な役割である。しかし，モデル試案の推進役である校長が異動になり，後任校長にこのモデル試案に対しての理解がない場合，やはりシステムが形骸化していく可能性は否定できない。このモデル試案の存在や有効性が広く認識される様になれば，管理職が変わってもモデル試案の意義を理解し継続していくことが可能になると考える。

2．生徒指導体制モデル試案の再検討

(1)学校秩序回復のための生徒指導体制モデル試案の再検討

　2つの教育実践により，生徒指導体制モデル試案の有効性を確認してきた。4つの要素である，(a) 学校規模で実施される，(b) 生徒指導のスタンダー

ド化がされている，(c) 指導の基準となるルールがある，(d) 認める指導がなされている，を生徒指導体制に取り入れることは，学校秩序回復に有効であることが確認された。本モデル試案では，どの学校でも取り入れることが可能であることを第一に考えてモデルの各要素は包括的に決定してきた。しかし，本モデル試案の効果をより高めるために，各要素のより具体的な内容を精査し検証していくことは有効である。また，今回実施した教育実践において，(C) 指導の基準となるルール，を決定していく過程は，後述するスタッフトレーニング試案で示す過程とほぼ同様である。生徒に働きかけていく過程や手順をより明確にしていくことは，学校において本モデル試案の導入をより容易にするものであると考える。

(2)スタッフトレーニングモデル試案の再検討

　教育実践を通して，スタッフトレーニングの有効性を確認してきた。スタッフトレーニングの過程は，(1)方向性の提示，(2)課題と解決像の共有，(3)方策の要請，(4)方策の決定，(5)方策の実施であり，その要素は，(a) 教師の動機付けと，(b) 課題解決に必要な知識やスキルの研修，(c) 協働体制づくり，である。スタッフトレーニングで課題となるのは，学校の年間計画のどこに位置づけるかである。現在の学校は多忙である。秩序が乱れている場合は，秩序回復が最優先されるべき課題であると考えるが，それ以外にも授業や行事の準備，部活動，その学校が属する自治体が掲げている教育課題の実践など多忙を極めている。その中で，どのようにスタッフトレーニングを実施していくかは管理職の重要な役割である。スタッフトレーニングモデルを導入する際，(1)導入に必要な期間，(2)導入に必要な会議の回数，(3)各会議の内容，(4)組織上の位置づけ（キーパーソンの定め方やキーパーソンの役割），などが学校の秩序状況に応じて，より具体的に示されれば導入が容易になる。学校の秩序状況や学校の事情に応じて，スタッフトレーニングの過程や要素ごとにより具体的なモデルを作成していくことは，本モデルを学校に導入する

上で有意義なことであり，今後の課題でもあると考える。

3. モデル試案の今後の課題

　本研究では，2つの中学校でのみ教育実践を行った。学校規模で実施するという研究の性質上，容易に導入することが困難である。今回は小規模校と大規模校の規模の異なる学校で実施した。今後，他の学校でも導入が可能であれば，規模の異なる学校・秩序程度の異なる学校に導入することで，より効率的で効果的な実施方法を見いだすことが可能である。また，落ち着いて安定している学校に導入することで，本研究のモデル試案を秩序回復のためだけでなく，より高いレベルの学校作りにも活用できることが実証できると考える。

　さらに，スタッフトレーニングの章で述べた，方向性の提示，課題の把握・解決像の共有，方策の要請，方策の決定という手順は，学校規模で同じ目標に協力して向かっていくための体制作りのためのステップである。学校の状況が異なっても，取り組む内容が異なっても同様の手順を行うことにより学校規模の体制をつくることができると考える。学校規模で何らかの取組みを実施することは簡単なようでなかなかできていない。校長が経営方針で示したからと言って必ず実施できるものでもない。経営方針を示してもその通りに実現せず悩んでいる校長も少なくない。本研究は，学校の秩序回復のための生徒指導モデル試案を開発し提案することを目的に実施した。しかし，本研究で提案したモデル試案の導入プロセスはスタッフトレーニングの側面をもつことがわかった。このスタッフトレーニングのモデル試案は，学校における協働体制を作りあげるために有効な手段のひとつとなりうると考えられる。今後，本研究のモデル試案のもう一つの側面であるスタッフトレーニングとしての効果を検証することで，学校経営のひとつのモデルが提案できると考える。

　本研究モデル試案の今後の課題は以下の通りである。

(a) 生徒指導体制モデルの各要素内容や手順をより具体的なものにし，規模や秩序状態，事情の異なる学校で実施することで，より効率的・効果的な実施方法を調査する。
(b) 秩序に問題のない学校に導入し，学校改善モデルとしての有効性を検証する。
(c) スタッフトレーニングの過程と要素について検討し，より導入が容易なものにする。
(d) 管理職と教師間，教師と生徒，学校と保護者・地域の間に協働体制を創り上げる学校経営モデルとしての検証を行う。

〈教師が考案した道徳授業ワークシート例1〉

G中をよりよくするために

　前回はG学校「5つの基本ルール」について考えてみました。その5つをみなさんは覚えているでしょうか？

　（1）_____　　（2）_____

　（3）_____　　（4）_____

　（5）_____

　あれから1カ月が経ち，自分の生活を振り返ったとき，この5つのルールがどれくらい実践できているのでしょうか。

自分の評価　　　　　　　　
点／100点中　　　　　　

　さて，5つのルールのうち「大切にする」については，各学級で案を出し合いベスト3を決めたりしました。中でもとても多かった意見のひとつに「友達を大切にする」がありました。そこで，ふと思うのですが，友達を大切にするのは良い事です。しかし逆を言うとみなさんが友達に対して不安に思うことが多くあり，だからこそ大切にしなければならないと思うのではないかということです。確かに大人の世界でも人間関係というものはとても難しいものです。いつもどこかでトラブルや争いがあります。戦争というものが未だなくならないのもそのひとつかもしれません。

　「大切にする」と改めて思わなくても，いつでも信頼し合え，お互いに認め合える友達もいます。私にもそんな友達がいて，それはとても幸せな事だと思います。また，そんな友達がたくさんいたらいいと思います。

　みなさんが「友達」と言ったとき，それは何人くらいの人を指して言っていますか。班の人数と同じく6人くらいでしょうか，それとも学級と同じ30数名くらいでしょうか。あるいは学年と同じ170名くらいでしょうか。今回のルールでは出来るだけ多い人数の友達の事を考えて欲しいと思います。

「部活動を大切にする」という意見も多くみられました。具体的には部活動の中で，道具・用具を大切にするや先輩後輩の関係を大切にするなどでした。その他，部活動では強いチームが立派なのではなく，そのために協力し，努力する姿勢が立派なこと，授業や掃除などをおろそかにしては，部活動の意味は存在しないことなど，日々言われている事でしょう。

そして「授業を大切にする」という意見も外せません。昔こんなことがありました。急なトラブルが発生し，そのための生徒指導で私が自分の授業に30分近く遅れてしまった時です。私が遅れて教室に入ると，「先生，どうかしたんですか？」とある生徒が私に聞きました。私は生徒指導の事なので細かく話すわけにもいかず，「忙しくて，授業をしているヒマもないんだよ。」と言いました。生徒は真面目な顔で「えっ先生は授業をするのが仕事です…」と言いましたが，すぐに私が冗談で言っているのだと察し表情を緩めました。その後，私が言い改めて終わった些細な会話でした。でも私には「先生は授業をするのが仕事」という言葉を生徒の口から聞いた事が新鮮でした。先生は授業を大切にします。もちろん君たちにとっても授業は大切なものです。

2時間に渡って，「大切にする」について考えてきました。「よりよいG中」で「より幸せな自分」でいられるように，今は何をすべきかをよく考えて行動して欲しいと思います。

今回の学習を通して「大切にする」「よりよいG中」「より幸せな自分」についてのあなたの考えを書きなさい。

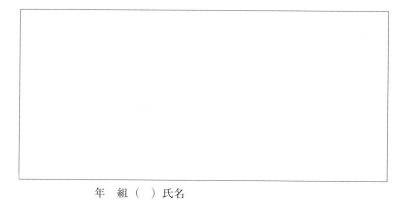

〈教師が考案した道徳授業ワークシート例2〉

「素直に振る舞う」G中5つの基本ルールから

　新学期に入り，これから生徒会や部活動，行事などで中心となって活躍していかなければならない君たちに，再びG中5つの基本ルールについて考えてほしいと思います。
　まずは5つの基本ルールを思い出してみてください。

これからおこなっていく作業は，
　（1）自分で考えること。
　（2）自分の意見を伝え，また友達の意見を知ること。
　（3）学級の意見としてみんなの考えを共有すること。
　この3つの作業を通して，自分たちの行動として実践していく力にしてほしいと思います。そして誰もが安心して過ごせるG中をつくっていきましょう。
　「素直に振る舞う」ってどんなこと？（以前の学習から）
　・人の意見に惑わされず自分の意見を素直に出す。
　・怒られたら正直に「ごめんなさい」と言う。
　・素直に「ありがとう」と言う。
　・友達との間にウソや疑いの心を持たない。
　・友達と反対意見でも「仲間はずれにされる……」とか思わず，自分の意見を口に出す。
　・間違う事は恥ずかしいことじゃないから，ちゃんと質問する。
　・任された仕事をしっかりやる。
　・いつも笑顔で自分らしくいること。
　　　　　　　　　　　　　……などなど，さまざまな意見がありました。
　（1）「素直に振る舞う」を授業・友だち・行事・部活・給食・当番活動の6つの場面で考え，右の枠の中に書き出してみよう。
　（2）各々の考えをもとに，班で代表となる意見を短冊に書きだそう。
　（3）各班の短冊を黒板に掲示し，クラスの共通意見としてまとめてみよう。

　　　　　　　年　　組（　　）氏名　_____

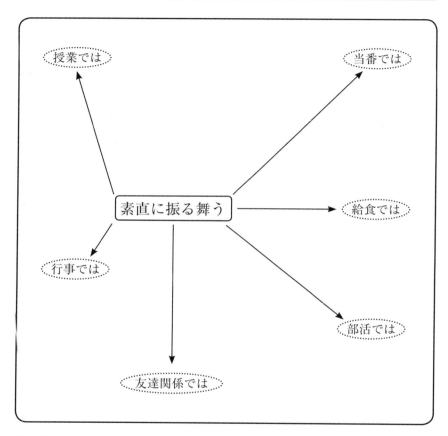

まとめ

今日の学習を通して，これから自分が具体的に実践していきたいことや，感想など

〈教師が考案した道徳授業ワークシート例3〉

「自分をコントロールする」G中5つの基本ルールから

　前回は「素直に振る舞う」とは具体的にどのようなことなのか。学校生活の様々な場面を想定して考えてみました。しかし、「給食中の「素直に振る舞う」とは何だろう？」など、具体的に考えづらいものも多くありました。
　そもそも「素直」とはどういうことでしょう。人には「好き」とか「嫌い」、「うれしい」「腹立たしい」といった「気持ち」や「感情」があります。この「気持ち」や「感情」を「素直な自分」というのでしょうか。たとえば、「授業って面倒くさいから嫌い、もっと楽しいことがしたい。」というのは、素直な自分の気持ちだと言ってよいのでしょうか。たしかに、「素直」＝正直な「自分の気持ち」や「感情」という側面もあります。
　しかし、ここでは「素直」＝自分の「正しい価値観」や「肯定的な価値観」のことをいいます。たとえば、

　　<u>今回の件は自分が悪かった。</u>　⇒　だから反省して、謝ろう。
　　　（正しい価値観）
　　<u>今日の給食はおいしかった。</u>　⇒　だから給食の方々に感謝しよう。
　　　（肯定的な価値観）
　　<u>掃除当番はみんなでやる。</u>　⇒　だから自分もサボらない。
　　　（正しい価値観）

ということです。つまり、「素直に振る舞う」とは、
　　自分の「正しい価値観」「肯定的な価値観」⇒それに対する<u>「行動」</u><u>「振る舞い」</u>です。
　さて、今回は「自分をコントロールする」について考えていきます。これは「素直に振る舞う」と表裏の関係にあるものです。先ほど「素直」＝正直な「自分の気持ち」や「感情」という側面があるといいましたが、そこから来る否定的な自分の気持ちや感情をコントロールしていこうということです。

　　<u>あいつはムカつく奴だ。</u>　⇒　だからぶん殴ってやろう。　ではなく、
　　　（否定的な自分の感情）
　　<u>あいつはムカつく奴だ。</u>　⇒　<u>でも、イイところを見つけてあげよう。</u>
　　　（否定的な自分の感情）　　　　　（この感情をコントロールする）という発想
をしてみましょう。
　そして「人のイヤなところばかりを見ないで、良いところ見つけるようにする」という意見をつくっていきます。たくさんの意見を出し合ってみましょう。

2年　　組（　　）氏名 _____

（1）「自分をコントロールする」を授業・友達・行事・部活・給食・当番活動の6つの場面で考え，下の枠の中に書き出してみよう。

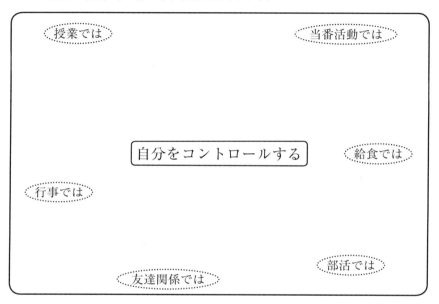

（2）各々の考えをもとに，班の意見を書き出そう。

（3）班の意見を発表し，クラスの共通意見としてまとめてみよう。

（4）まとめ

今日の学習を通して，これから自分が具体的に実践していきたいことや，感想など

第6章 結 論

　本研究には，大きく2つの成果があると考える。1つ目は，学校秩序回復の効果であり，2つ目は，教師のスタッフトレーニングである。

　本研究は当初，学校の秩序を回復するための生徒指導体制モデル試案を提案することを目的に実施した。生徒の問題行動を減少させることに視点をおいて研究を進めた。荒れた学校を建て直した国内や米国の事例の中から，秩序回復に有効と考えられる4つの要素（a）学校規模での実施，（b）指導の基準となるルール，（c）生徒指導のスタンダード化，（d）認める指導，を抽出した。そして，2つの教育実践によって，生徒の問題行動数の減少，修繕費の減少，問題行動の質の変化が認められることを示した。これによって4つの要素を組み入れた生徒指導体制を取り入れることは，学校秩序回復に有効であることを明らかにした。

　また，本研究の生徒指導体制を学校内に創り上げる過程が，教師のスタッフトレーニングになることも示した。教師のインタビューから，（a）学校規模で組織的に動くようになった。（b）教師は生徒指導に自信をもって行えるようになった。（c）生徒指導に関して，教師間のコミュニケーションがしやすくなった。（d）教師間の信頼感が高まった。（e）教師が互いに助け合う雰囲気ができた。などの効果が確認された。これは，学校内に協働の体制がつくられたものと考える。

　本研究の結論として，（a）上に示す4つの要素からなる生徒指導体制を校内に創り上げることは，学校秩序回復に有効な手段である。また，生徒指導体制を創り上げる過程が（b）教師の間に協働体制をつくりあげることに有効である。と言える。

　さらに付け加えるならば，指導の基準となるルールづくりでは，生徒もこ

れに関与している。これは，生徒が教師とともによりよい学校をつくるという共通の目標に向かって努力しようとする姿勢をつくることである。今回，生徒の意識調査は行っていないが，本研究は教師の協働体制をつくるだけでなく，教師と生徒さらには保護者との間に協働体制を築ける可能性があると考える。

Appendix

Appendix 1　五つの大切

スローガンと場面設定　1. 時間を大切にしよう　2. 礼儀を大切にしよう　3. 物を大切にしよう

場面＼スローガン	A 全ての場面で 望ましい行動	A 全ての場面で 望ましくない行動	B 始業前 望ましい行動	B 始業前 望ましくない行動	C 授業 望ましい行動
1 時間	・集合時刻についての5分前行動をする	・集合時刻に遅れる	・5分前の8:20には教室にいる	・8:25に遅刻する	・休み時間内にトイレなどを済ます ・休み時間内に更衣を済ます ・チャイムが終わるまでに授業準備を済ませ、前を向いて着席する
2 礼儀	・職員室・保健室などに入るときは「失礼します」と挨拶をする ・廊下などで誰に会っても挨拶する ・正しい服装を心がける ・敬語を正しく使う	・挨拶をしないで職員室や保健室に入る ・先生に暴言を吐く ・大声を出す ・シャツを出す ・髪を染める ・上履きのかかとをつぶす	・誰にでも「おはようございます」の挨拶をする		・授業始めに大きい声で挨拶をする ・指名されたら「はい」と返事をする
3 物	・学校の物を大切にする ・ゴミはゴミ箱に捨てる ・自分の物には記名する	・学校の物をこわしたり破く ・ゴミをゴミ箱以外に捨てる ・水をまく ・消化器・火災報知器・シャッターをいたずらする	・下駄箱の上下を正しく使用する ・教室のロッカーの中を整理する	・下駄箱の下段に上履きを入れる ・ロッカーの中をぐちゃぐちゃに使用する	・配布されたプリントを指示通り保管する
4 自分	・安全に生活する ・自分の意見や気持ちをはっきりと表現する ・先生の指示に従う	・危険なこと・乱暴なことをする ・学校に不要物をもってくる	・自分の机の位置を整頓する	・許可無く自転車登校する ・机の位置をずらす	・自分の机の位置を整頓する ・授業に集中する ・話をよく聞く ・積極的に発言する ・忘れ物をしない
5 みんな	・他の人に気を遣って過ごす ・自分の教室の環境を整える ・静かに教室移動する ・集会で正しく整列する	・仲間はずれをする ・暴力をふるう ・ツバを吐く ・友達の持ち物を持ち去る ・校内を走り回る ・上履きで校庭に出る ・集会で整列しない	・みんなの机の位置を整頓する ・勉強のわからないところを教えてあげる	・机の位置をずらす	・私語をしている人を注意する ・静かにする ・友達の発言をよく聞く ・良い発言をほめる

4. 自分のことを大切にしよう　5. みんなのことを大切にしよう

	D　給食時		E　放課後	
望ましくない行動	望ましい行動	望ましくない行動	望ましい行動	望ましくない行動
・チャイムが鳴っても遊んでいる	・当番は早く準備をする ・早く手を洗って席に着く	・当番が準備をなかなかしない ・すぐに手を洗わずに遊んでいる ・フライングする	・下校時刻を守る	・下校時刻が過ぎても学校に残る
	・「いただきます」「ごちそうさま」の挨拶をする	・下品な話をする	・「さようなら」の挨拶を誰にでもする	
・落書きをする ・プリントを捨てる ・ゴミを床に捨てる ・学校の備品を持ち去る		・食べ物を投げる ・皿や盆、スプーン・フォークなどをこわす		
・寝る ・忘れ物をする ・許可無く教室を出る ・徘徊する	・できるだけ残さず食べる ・自分の給食の準備や片付けは自分でする	・自分の給食の準備や片付けを人にやらせる	・明日の持ち物を確認する ・掃除当番をしっかりと行う ・委員会活動や部活動に積極的に取り組む ・寄り道せずに帰る	・掃除当番をさぼる ・委員会や部活をさぼる ・寄り道する
・授業のじゃまをする ・私語をする ・友達の発言をバカにする ・立ち歩く ・友達の文具などを勝手に使う ・友達の文具を壊す	・当番は白衣とマスクを付ける ・マナーを守って食べる	・当番が白衣とマスクを付けない ・マナーを守らない ・人の給食を食べる	・掃除当番をしっかりと行う ・委員会活動や部活動に積極的に取り組む	・傘を置いて帰る ・靴や傘を隠したり，いたずらしたりする ・掃除当番をさぼる ・委員会や部活をさぼる

Appendix 2　ふりかえり用紙

私（　　年）（　　組）　　　　　　　　　　　書いた日　　月　　日

　　　　　　　　　　　　　　　　　　は，◀やった人の年組氏名

（　　　月）（　　　日）（　　　曜日），◀月日と曜日
（　　　　　　　　　　　　　　　）頃に，◀何時何分頃，何校時後の休み時間など
（　　　　　　　　　　　　　　　）で，◀場所

　　　　　　　　　　　，ということをしました。自分は何をしたのかという「行動の確認」

学校のきまりは，

　　　　　　　　　　　，ということを知っています。「正しいことの理解」

本当は，

　　　　　　　　　　　，というようにすればよかったと思います。どのようにすればよかったか「望ましい行動」

今後は，

　　　　　　　　　　　，というようにします。「行動の改善」

保護者の方が，お子さんとお話をした結果を踏まえてお書きください。

　　　　　　　　　　　　　　　保護者氏名（　　　　　　　　自署）

　　　　　　　　　　　　　　　　　　　　　ふりかえり用紙［　　　］

引用文献

Alberto, P. A., & Troutman, A. C. (1995). *Applied Behavior Analysis for Teachers.* New Jersey: Prentice Hall Pr.（佐久間　徹・谷　晋二・大野裕史訳　2004『はじめての応用行動分析　日本版第2版』二瓶社）

Benesse 教育研究開発センター（2010）．VIEW21, vol2.

Cialdini, R. B.（1985）．*Influence : Science and Practice.* (*2nd Ed.*) Scott, Forceman & Company.（社会行動研究所訳　1991『影響力の武器』誠信書房）

Crone, D. A., & Horner, R. H.（2003）．*Building Positive Behavior Support Systems in Schools: Functional Behavioral Assessment.* New York: Guilford Pr.

Feather, N. T.（1999）．*Values Achievement and Justice.* New York: Plenum

濱口佳和（2002）．学校における問題・不適応行動と攻撃性　攻撃性の科学：発達・教育編　ナカニシヤ出版

原田　謙（2002）．ADHD/ 非行・暴力・犯罪への親和性：反抗挑戦性障害・行動障害を含むスペクトル　現代のエスプリ，**414**, 163-171.

鈎　治雄（1997）．教育環境としての教師：教師の認知・子供の認知　北大路書房

井上　實・矢島正見（1995）．生活問題の社会学　学文社

石黒康夫（2010）．応用行動分析学を用いた学校秩序回復プログラム　教育カウンセリング研究，**3**, 1, 56-67.

上地安昭（2003）．教師のための学校危機対応実践マニュアル　金子書房

柿沼昌芳・長野恒雄（2002）．戦後教育の検証：学校の中の事件と犯罪1　批評社

片野智治（1994）．構成的エンカウンター・グループ参加者の体験的事実の検討　カウンセリング研究，**27**, 27-36.

片野智治・吉田隆江（1989）．大学生の構成的エンカウンター・グループにおける人間関係プロセスに関する一研究　カウンセリング研究，**21**(2), 150-160.

片野智治・堀　禅道（1992）．構成的グループ・エンカウンターと自己記述の変化　教育相談研究，**30**, 30-42.

加藤弘通（2007）．問題行動と学校の荒れ　ナカニシヤ出版

加藤弘通・大久保智生（2004）．反学校的な生徒文化の形成に及ぼす教師の影響：学校の荒れと生徒文化についての実証研究　社会安全，**52**, 44-57.

加藤十八(2006).ゼロトレランス―規範意識をどう育てるか― 学事出版
河上亮一(2003).小学校と中学校の学級崩壊はどう違うか プロ教師の会(編著)学級はどう崩壊するか 洋泉社
河村茂雄(1999).学級崩壊に学ぶ:学級崩壊のメカニズムを立つ教師の知識と技術 誠信書房
川上敬二(1982).校内暴力の克服:絶望から希望へ 民衆社
國分康孝(1981).エンカウンター:心とこころのふれあい 誠信書房
国立教育政策研究所(2008).生徒指導資料第3集 規範意識をはぐくむ生徒指導体制―小学校・中学校・高等学校の実践事例22から学ぶ―
釘原直樹(2011).グループダイナミックス―集団と群集の心理学― 有斐閣
Lewin, K. (1947). Group decision and social change. In Newcomb, T. M., & Hartly, E. M. (Eds.), *Readings in Social Psychology*. Oxford: England pp.459-473.
Malott, R. W., Whaley, D. L., & Malott, M. E. (1998). *Elementary principles of behavior*. NewJersey: Prentice Hall College Div. (杉山尚子・島宗 理・佐藤方哉訳 2006『行動分析学入門』産業図書)
Mogan-D'Atrio, C., Northup, J., LaFleur, L., & Spera, S. (1996). Toward prescriptive alternatives to supensions: A preliminary evaluation. *Behavioral Disorders*, **21**, 190-200.
文部科学省(2011).生徒指導提要
National Education Goal Panel (1995). *The national education goals report building a nation of learners*. ERIC (Education Resources Information Center) http://www.eric.ed.gov/ERICWebPortal/search/detailmini.jsp?_nfpb=true&_&ERICExtSearch_SearchValue_0=ED389097&ERICExSearch_SearchType_0=no&accno=ED389097. Dec 1, 2011.
野沢聡子(2004).問題解決の交渉学 PHP新書
尾木直樹(1999).「学級崩壊」をどう見るか 日本放送出版協会
Ostrom, V. (1977). *Comparing Urban Service Delivery Systems*, Sage Publications: Thousand Oaks
斉藤知範(2002).非行的な仲間との接触,社会的ボンドと非行行動:分化的強化仮説と社会的コントロール理論の検証 教育社会学研究,**71**, 131-150.
榊 博文(2002).説得と影響―交渉のための社会心理学― ブレーン出版
Shazer, D. (1985). *Keys to solution in brief therapy* T. W. W. Norton & Company: New York. (小野直広訳 1994『短期療法解決の鍵』誠信書房)

嶋田洋徳（1998）．小中学生の心理的ストレスと学校不適応に関する研究　風間書房

島宗　理（2000）．パフォーマンス・マネジメント―問題解決のための行動分析学―　米田出版

Sugai, G., & Horner, R., R. (2006). A promising approach for expanding and sustaining school-wide positive behavior support. *School Psycohlogy Review*, **35**, 245-259.

Sugai, G., Sprague, J. R., Horner, R. H., & Walker, H. M. (2000). Preventing School Violence: Theuse of office discipline referrals to assess and monitor school-wide discipline interventions. *Journal of Emotional and Behavioral Disorders*, **8**, 94-101.

Susan, Taylor-Greene., Doris, Brown., Larry, Nelson., Julie, Longton., Terri,. Gassman., Joe, Cohen., Joan, Swartz., Robert, H. Homer., George, Sugai., & Susannah, Hall. (1997). School-Wide Behavioral Support: Starting the Year off Right. *Journal of Behavioral Education*, **7**, 99-112.

上淵　寿（2004）．動機づけ研究の最前線　北大路書房

山本銀次（1990）．作業課題の集団活性化および成員のセルフ・エスティームに与える効果　カウンセリング研究，**23**, 36-46.

山本銀次（1992）．エクササイズ開発と人間関係の教育　国分康孝（編）構成的グループ・エンカウンター　誠信書房　pp.228-239.

山本銀次（1995）．構成的グループ・エンカウンターの追跡調査に見る効果と課題　カウンセリング研究，**28**, 1-20.

山本淳一・加藤哲文・小林重雄（1997）．応用行動分析学入門―障害児者のコミュニケーション行動の実現を目指す―　学苑社

山本淳一・池田聡子（2005）．応用行動分析で特別支援教育が変わる　図書文化

山本淳一・池田聡子（2007）．できる！をのばす行動と学習の支援―応用行動分析によるポジティブ思考の特別支援教育―　日本標準

謝　　辞

　本研究を遂行し，本書としてまとめるにあたり，ご指導，ご助言，そしてご支援をいただいた多くの皆様に深く感謝申し上げます。

　著者が，東京都公立学校教諭として勤務し始めたころは，いわゆる学校が荒れた時代でした。そして，最初に勤務したのが，その荒れた学校でした。そうした中で，常に頭にあったのは，「後手にならない生徒指導」でした。「何かが起きてからではなく，起きる前にできることはないのか」という問いが自分の中に常にありました。その問いに答えてくれたのが，大学時代の恩師である國分康孝先生でした。國分康孝・久子先生ご夫妻が主催される「國分ヒューマンネットワーク」の一員に加えていただき，「予防開発的な指導」や「教育カウンセリング」について学び，何かが起きてからではなく，起きる前にできることに教師として全力を注いでまいりました。本研究は，学校の秩序を回復するためのものですが，秩序が回復したのちは，生徒の問題行動を予防する視点に立ち，落ち着いて安定した学校づくりを目指すもので，國分康孝・久子　両先生の教えの精神が根底にあります。

　はじめて校長として赴任した学校で，発達に課題のある生徒の指導が上手く行かず，学校秩序が大きく乱れました。校長として，校内体制を整え学校の秩序を回復させることの難しさを改めて知りました。なんとか学校の秩序を回復する有効な方策がないかと暗中模索を続けました。そして，秩序回復の方策を求め明星大学大学院前期博士課程に入学しました。そうした中，応用行動分析学に関する一冊の本を通じ，法政大学　島宗　理先生と知り合うことができました。島宗　理先生には，本研究のきっかけとなる School-Wide Positive Behavior Support を紹介していただきました。そして，導入する際に，ご指導・ご助言をいただくとともに，大学院生のご協力も頂きま

した。本研究を始めるきっかけを与えていただきました島宗　理先生に感謝申し上げます。

　また，本研究を進めるにあたり，明星大学教授　島田博祐先生には，前期博士課程入学時よりご指導をいただきました。島田博祐先生は，研究などしたこともない著者に研究方法や論文の書き方，統計処理の方法まで，丁寧にご指導をいただきました。また，後期博士課程へ進むことを勧めていただき，著者の実践を研究として纏めるきっかけを与えていただきました。島田博祐先生に感謝申し上げます。さらに，本研究を学術論文として纏めるにあたっては，明星大学教授　梅谷忠勇先生・星山麻木先生，東京聖徳大学教授　新井邦二郎先生に丹念なご校閲・ご指導をいただきました。ありがとうございました。

　そして，本研究を実践した2つの公立中学校の先生がたには，学校の秩序回復のために多大なるご協力をいただきました。日々，生徒指導に苦労しながら，よい学校を創ろうと共に協力してまいりました。先生がたの協力がなければなし得なかったことと感謝しております。

　また，教諭時代からの同僚であり，共に「予防開発的な指導」を実践してきた仲間である，高知大学准教授　鹿嶋真弓先生に感謝いたします。同僚として，そしてある時は部下として，生涯にわたり二度同じ学校で共に働き，支えていただきました。さらに，大学院へ進学し研究することを思い立ったのも鹿嶋真弓先生のご助言があってのことです。

　最後に，本研究は研究として未熟なものです。荒れた学校を立て直すために試行錯誤しながらまとめ上げたものであり，さらに研究の余地があると考えています。また，研究を進めるには，学校規模での実施が必要なため，簡単に研究が進められるものではありません。しかし，今後も研究を続け生徒指導に悩む現場の先生がたの一助になればと考えています。

2015年7月

　　　　　　　　　　　　　　　　　　　　　　　　　　　石　黒　康　夫

著者略歴

石黒 康夫（いしぐろ やすお）

逗子市教育委員会教育部長　1958年東京生まれ　博士（教育学）, 上級教育カウンセラー, ガイダンスカウンセラー, 東京理科大学卒業, 明星大学大学院後期博士課程修了, 東京都公立学校 教諭・教頭・校長を経て現職。共著に『参画型マネジメントで生徒指導が変わる 「スクールワイドPBS」導入ガイド16のステップ』（図書文化）, 共編に『エンカウンターで進路指導が変わる』（図書文化）,『困難を乗り越える学校』（図書文化）,『教師のコミュニケーション事典』（図書文化）, 分担執筆に『エンカウンターで学級が変わるPART3』（図書文化）,『教育カウンセラー標準教科書』（教育カウンセラー協会）,『ガイダンスカリキュラム実践事例集』（スクールカウンセリング推進協議会）等。

学校秩序回復のための生徒指導体制モデル

2015年8月31日　初版第1刷発行

著　者　石　黒　康　夫
発行者　風　間　敬　子
発行所　株式会社　風　間　書　房

〒101-0051　東京都千代田区神田神保町1-34
電話 03(3291)5729　FAX 03(3291)5757
振替 00110-5-1853

印刷　藤原印刷　製本　高地製本所

©2015　Yasuo Ishiguro　　　　　NDC分類：375.2
ISBN978-4-7599-2090-1　Printed in Japan

[JCOPY]〈(社)出版者著作権管理機構 委託出版物〉
本書の無断複製は, 著作権法上での例外を除き禁じられています。複製される場合はそのつど事前に(社)出版者著作権管理機構（電話 03-3513-6969, FAX 03-3513-6979, e-mail: info@jcopy.or.jp)の許諾を得て下さい。